Heute ist Julians Geburtstag, der beste Tag des Jahres. Doch dieses Jahr ist alles anders. Julian hat seine Nachbarin Frau Materski eingeladen, mit ihm und seinem besten Freund Bela in den Zoo zu gehen, denn Frau Materski hat am selben Tag wie Julian Geburtstag. Doch vor einem Monat verwandelte sich die nette alte Dame über Nacht in eine bösartige Hexe. Keinen Schritt macht sie mehr vor die Tür, ihr Garten ist mit einem Zaun versperrt und wird von einem kläffenden Hund bewacht. Julian versteht die Welt nicht mehr. Als er sich dann auf den Weg zu Bela macht, taucht hinter ihm aus dem Nichts ein Geist auf. Auch das noch! Birke folgt Julian auf Schritt und Tritt. Kein Versuch, den Geist loszuwerden, scheint zu funktionieren. Bis sich herausstellt, dass Birke aus einem bestimmten Grund da ist: Mit seiner Hilfe schaffen es Julian und Bela pünktlich zur Geisterstunde bis zu Frau Materskis Haus. Dort erwartet sie eine schlimme Überraschung. Sie müssen schnell handeln, um der alten Dame zu helfen.

LORENZ LANGENEGGER, geboren 1980, wuchs in der Schweiz auf und lebt heute in Wien und Zürich. Neben zahlreichen Arbeiten für Theater und Film hat er fünf Romane veröffentlicht, zuletzt *Was man jetzt noch tun kann* bei Jung und Jung. *Julian und Birke* ist sein erster Roman für Kinder und Erwachsene.

Lorenz Langenegger

JULIAN UND BIRKE

Roman

Atlantis

Copyright © 2024 by Atlantis Verlag
in der Kampa Verlag AG, Zürich
www.atlantisverlag.ch
Covergestaltung: Lara Flues, Kampa Verlag
Covermotiv: Magdalena Fournillier © Atlantis Verlag
Satz: Herr K | Jan Kermes
Gesetzt aus der Stempel Garamond LT / 240120
Druck und Bindung: GGP Media GmbH, Pößneck
Auch als E-Book erhältlich
ISBN 978 3 7152 3014 6

»Die im tiefsten Erdinneren verborgenen
Geister beschließen, auf die Welt zurück-
zukommen. Sie sind weder Unsterbliche noch
Gespenster, sondern schlicht Geister.«

Frédéric Pajak, *Ungewisses Manifest 1*

Der Papierflieger

Es ist noch fast dunkel. Am Himmel hängen dicke graue Wolken. Die Tage werden zwar wieder länger, sind aber immer noch viel zu kurz. Auch bei schönem Wetter geht die Sonne erst nach dem Frühstück auf und verschwindet hinter den Häusern, bevor die Schule aus ist.

Julian schleicht vorsichtig durch die Hecke. Er tastet sich voran. Der Boden ist feucht und kalt. Mit der Hand stützt er sich auf etwas Schleimigem ab. Eine Nacktschnecke? Er riecht an den Fingern und verzieht das Gesicht. Ein verfaulter Pilz. Er wischt die Hand so gut es geht an den Haselzweigen sauber, die er zur Seite biegt. Mit einem großen Schritt erreicht er den Zaun. Durch den Maschendraht sieht er das Haus, das Küchenfenster, den Balkon und die Treppe, die in den Garten führt. In der Küche brennt eine

Lampe über dem Tisch. Ein heller Lichtkegel fällt auf die Eckbank, die rot-weiß karierte Tischdecke und den Stuhl.

Frau Materski sitzt mit dem Rücken zum Fenster. Die alte Frau verschwindet fast hinter der Stuhllehne. Obwohl Julian weiß, dass sie ihn nicht sehen kann, hält er den Atem an, als sie aufsteht und langsam zum Fenster kommt. Er trägt eine schwarze Hose zu seiner schwarzen Jacke. Nur das Weiß seiner Augen blitzt unter der Skimütze hervor.

Frau Materski schaut in den Garten. Sie sieht gar nicht böse aus, denkt Julian, eher traurig und müde. Eine Krähe stößt sich mit den Beinen ab und fliegt tief über der Wiese davon. Vom Hund fehlt jede Spur. Vermutlich schläft er noch in seiner Hütte, die auf der anderen Seite des Hauses zwischen dem Eingang und dem Gartentor steht. Im Kräuterbeet ist die Zerstörung zu sehen, die er anrichtet. Es gleicht einem Acker. Die Wiese ist ein Minenfeld aus Hundehaufen. Jeden Tag kommen neue dazu und niemand macht sich die Mühe, sie aufzunehmen. Langsam dreht die alte Frau den

Kopf und wendet sich vom Fenster ab. Mit kleinen Schritten geht sie aus der Küche und löscht hinter sich das Licht.

Vorsichtig zieht Julian den Papierflieger aus seiner Schultasche. Er hat ihn gestern Abend gefaltet und in seinem Zimmer getestet. Der Zaun ist hoch. Über den letzten Maschen sind zwei Reihen Stacheldraht angebracht. Auch wenn er hochspringt, kann er den Flieger nicht über den Zaun werfen. Es gibt rund um den Garten keinen Baum, der stark genug ist, dass er hinaufklettern könnte, nur Sträucher und Büsche. Julian braucht also einen Flieger, den er hoch in die Luft werfen kann, bevor er langsam bis auf den Küchenbalkon segelt. Obwohl es vom Balkon nur wenige Stufen hinuntergeht, hat Julian Frau Materski seit einem Monat nicht mehr im Garten gesehen. Dabei war sie immer so stolz auf ihre Kräuter. Wenn sie überhaupt noch nach draußen geht, dann nur auf den Balkon. Dort muss der Flieger landen.

Julian atmet tief durch und konzentriert sich. Der Papierflieger riecht nach dem Parfüm seiner Mutter. Er hat ihn rundherum eingesprüht, damit der Hund ihn nicht frisst. Die Faltanleitung hat er aus einem Buch, das er von seinem Vater bekommen hat. Es gibt darin fast fünfzig verschiedene Modelle. Er suchte sich den Papierflieger mit den besten Flugeigenschaften für seine Mission aus: hoch musste er fliegen, und weit genug. Die Anleitung war furchtbar kompliziert, er zerknüllte viele Bögen Papier, riss wütend falsch gefaltete Versuche entzwei, fast wollte er aufgeben, dann aber klappte es.

Jetzt hat Julian nur eine Chance. Er steckt den linken Zeigefinger in den Mund und hält ihn dann in die Luft. Es ist fast windstill. Gut so. Er zielt, holt aus und wirft den Flieger in die Luft. Nicht zu viel Schwung, nicht zu wenig. Steil steigt er auf, etwa einen Meter über dem Zaun hat er die maximale Flughöhe erreicht. Die Spitze kippt nach unten und nach einem kurzen Sturzflug geht der Papierflieger in die Gleitphase über. Elegant segelt er auf das Haus zu.

»Komm, komm, komm, noch ein Stück, noch ein … nein, nein, nein, ja, nein, ja … Ja!«

Julian ballt die Faust. Der Papierflieger ist gegen die Hauswand geprallt und auf der obersten Treppenstufe liegen geblieben. Wenn ihn nur der Wind nicht davonweht ...

I. KAPITEL

Geburtstag

Heute ist ein guter Tag. Heute ist der beste Tag des Jahres. Und jetzt, wo die Schule aus ist, kann er nur noch besser werden. Julian hat Geburtstag. Er wird zwölf Jahre alt. Zehn war noch ein bisschen besser, das war sein erster runder Geburtstag. Elf war auch okay, elf ist eine Schnapszahl. Und er freut sich schon auf seinen dreizehnten Geburtstag. Die wilde Dreizehn, das wird ein Jahr! Dreizehn ist Julians Glückszahl.

Seine große Schwester Mara hat ihm beim Mittagessen erklärt, dass er sich schon jetzt, also ab heute, im dreizehnten Jahr befindet. Er verstand erst, was sie meinte, als sie bis zu seinem ersten Jahr rückwärts gezählt hatte.

»Und wie alt warst du da?«, fragte Mara.

Julian schaute sie so komisch an, dass sie lachen musste. Ihre Rechnung hatte in seinem Kopf ein schreckliches Durcheinander angerichtet. Fast so schlimm wie in seinem Zimmer, wenn seine Mutter ihm die frische Wäsche vor die Tür legte, weil sie den Schrank nicht mehr erreichte.

»Aber ich kann doch nicht null Jahre alt gewesen sein«, protestierte er.

»Genau das warst du in deinem ersten Jahr. Null!«

»Aber null ist nichts. Wie soll das gehen?«

Mara packte seinen Kopf und wuschelte ihm durch die Haare.

»Du warst eine halbe Portion.«

Eigentlich hasste Julian es, wenn sie seinen Kopf packte, und er wehrte sich, indem er sie in die Seite kniff, damit sie ihn losließ. Vor ein paar Wochen aber hatte er seine große Schwester zum ersten Mal mit anderen Augen gesehen. Genauer gesagt waren es die Augen seines besten Freundes. Bela hatte Mara damals überhaupt zum ersten Mal gesehen.

Mara wohnt in einer eigenen Wohnung und kommt nur selten nach Hause. Sie ist einundzwanzig und studiert Philosophie an der Universität. Ihr Leben ist vorbei. Als sie vor einem Jahr auszog, ließ sie alles Wichtige zurück und nahm nur ihre Kleider, die Matratze und ein paar Bücher mit. Sie arbeitet in einer Restaurantküche und riecht immer nach Pommes. Was ist das für ein Leben?, denkt Julian. Studieren und arbeiten? Wenn sie nicht auf einer harten Holzbank an der Universität sitzt, steht sie in der großen Küche zwischen riesigen Töpfen. Mara lachte, als Julian sie fragte, ob ihr neues Leben Spaß machte. »Ich lebe nachts. Das macht noch viel mehr Spaß!«

Julian überlegte, ob ihre Mutter davon wusste, und beschloss, ihr nichts zu sagen. Wenn er nicht ins Bett wollte, sagte sie immer: »Die Nacht ist zum Schlafen da.«

Als Bela Julians Schwester zum ersten Mal sah, konnte er überhaupt nicht mehr aufhören mit Anschauen. Erst als Mara wieder aus dem Zimmer ging und die Tür hinter sich zuzog, erwachte er aus seiner Starre und sagte zu Julian, dass er auch einmal von Mara gepackt und gewuschelt werden möchte. Julian schaute ihn verständnislos an. Bela senkte den Blick und sagte leise, dass er noch nie in seinem Leben eine so schöne Frau gesehen hatte. Julian musste sich beherrschen, um nicht laut zu lachen.

Bela war erst seit einem Jahr in der Stadt. Wenn er sprach, suchte er sich die Worte einzeln zusammen. Es klang immer alles furchtbar ernst, was er sagte. Diesmal aber meinte er es auch so. Und als Mara das nächste Mal zu Besuch kam, sah Julian sie mit anderen, mit Belas Augen. Er wehrte sich zwar immer noch, wenn sie ihn packte, aber er musste auch daran denken, was sein Freund über sie gesagt hatte.

Julian ist nicht der Einzige, der heute Geburtstag hat. Als er das herausfand und voller Erstaunen seiner Mutter erzählte, lachte sie.

»Wie viele Menschen leben in unserer Stadt?«, fragte sie.

»Viele«, antwortete Julian. Er wusste nicht genau, wie viele, aber wenn er von dem Hügel auf die Stadt hinunterschaute, breiteten sich die Häuser in alle Richtungen aus.

»Und wie viele Tage hat das Jahr?«

»Auch viele.«

»Das weißt du genauer.«

Julian überlegte. Wenn er eine Faust machte, konnte er die Monate einteilen. Alle auf den Knöcheln hatten einunddreißig, die dazwischen dreißig Tage. Außer der Februar, der hatte nur achtundzwanzig, wenn nicht gerade ein Schaltjahr war. Schon schwirrten ihm die Zahlen durch den Kopf und er verlor den Überblick.

»Ein Jahr hat 365 Tage«, half ihm seine Mutter. »Das ist viel, aber viel weniger als es Menschen in unserer Stadt gibt. Wenn wir davon ausgehen, dass an jedem Tag ungefähr gleich viele Menschen geboren werden, feiern mit dir noch über fünftausend andere Geburtstag.«

Jetzt schwirrte Julians Kopf endgültig. Fünftausend andere? Das war mehr als die ganze Schule. Plötzlich war es nicht mehr besonders erstaunlich, dass er und Frau Materski am gleichen Tag Geburtstag hatten. Er wunderte sich vielmehr, dass er sonst niemanden kannte. Er nahm sich vor, abends im Bett bis fünftausend zu zählen, um ein Gefühl dafür zu bekommen, wie viele das waren. Kurz vor tausend schlief er ein.

Frau Materski war natürlich nicht am genau gleichen Tag wie er auf die Welt gekommen, sondern viele Jahre früher. Als er sie fragte, wie viele, lachte sie und sagte: »Das darf man eine Dame nicht fragen.«

Er verstand zwar nicht, weshalb man das nicht fragen durfte. Seine Lehrerin behauptete immer, dass es keine dummen Fragen gab und man alles fragen durfte. Trotzdem war er ganz froh, dass Frau Materski ihm keine Antwort gab, so musste er nicht ausrechnen, wie alt sie war. Rechnen war nicht seine Stärke. So hatte es seine Lehrerin beim Elterngespräch formuliert. Er hasste Rechnen.

Als Julian herausfand, dass er und Frau Materski am gleichen Tag Geburtstag hatten, lud er sie ein, dieses Jahr mit ihm und Bela in den Zoo zu gehen. Seit er denken kann, seit etwa sieben oder acht Jahren also, wünscht sich Julian zu jedem Geburtstag einen Ausflug in den Zoo. Letztes Jahr wollte er eigentlich ins Kino, aber da hatte er sich gerade mit Bela angefreundet. Und weil dieser noch nie im Zoo gewesen war, blieb es beim Ausflug in den Zoo. Frau Materski bedankte sich herzlich. Sie freute sich über die Einladung. Sie war schon viel zu lange nicht mehr im Zoo gewesen. Ob es die Giraffen noch gebe, wollte sie wissen, mit den Futterkrippen, die oben unter der Decke hingen. Natürlich gab es die Giraffen noch. Julian lachte. Sie konnten ja nicht weggehen. Sie waren eingesperrt.

Frau Materski kennen alle in ihrem Stadtviertel. Sie ist sehr beliebt. Das zeigte sich, als sie letzten Sommer unglücklich stürzte und sich den Oberschenkelhals brach. Sie schimpfte: »Typisch, im Winter passe ich auf und taste mich ganz vorsichtig über den Schnee und das Glatteis. Und im Sommer passiert es!«

Im Krankenhaus bekam Frau Materski so viele Blumen, dass die Schwester Vasen aus anderen Stationen organisieren musste. Kurz nachdem sie entlassen worden war, traf Julian sie zufällig an, wie sie mit zwei Händen und unsicheren Schritten versuchte, gleichzeitig den Rollator zu schieben und den Einkaufswagen zu ziehen. Julian half ihr und begleitete sie nach Hause. Eine Woche später stellte er fest, dass alte Menschen zwar den lieben langen Tag und die ganze Woche Zeit hatten, um einzukaufen, aber sehr an Gewohnheiten hingen. Darüber hinaus sind sie auch pünktlich. Frau Materski kauft nicht nur immer am Donnerstagnachmittag ein, sondern auch immer zur gleichen Zeit. Und weil Julians Stundenplan auch jede Woche gleich ist, hilft er Frau Materski jetzt jeden Donnerstag, ihre Einkäufe nach Hause zu bringen. Um genau zu sein, half er ihr bis vor einem Monat. Dann passierte etwas Unerklärliches. Aus der nettesten alten Dame der Stadt wurde eine bösartige Hexe. Die Verwandlung passierte über Nacht. Niemand hatte etwas bemerkt, bis sie das Ergebnis sahen. Frau Materski ging nicht mehr aus dem Haus. Wer ihren Garten betrat, wurde mit Schimpf und Schande davongejagt. Es dauerte keine Woche, dann rückte eine Baufirma an und stellte einen hohen Zaun auf. Und kaum war die letzte Rolle Maschendraht befestigt, drehte der bösartige Köter seine Runden um das Haus und knurrte jeden wütend an, der sich dem Zaun näherte.

Als Julian seiner Mutter davon erzählte, lächelte sie traurig: »Weißt du, Frau Materski ist alt, das kann passieren.«

Sie klopfte gegen Julians Stirn.

»Das Gehirn ist eine furchtbar komplizierte Maschine. Plötzlich gibt es da oben eine neue Verbindung, die aus einem Menschen einen ganz anderen macht.«

»Kann man das nicht rückgängig machen?«, wollte Julian wissen.

»Frau Materski war ihr Leben lang gut und freundlich«, sagte seine Mutter. »Vielleicht hat sich das Böse, das es in jedem Menschen gibt, in ihr angesammelt und jetzt, im Alter, ist es plötzlich zu viel geworden. Oder sie will einfach ihre Ruhe haben. Das ist ihr gutes Recht.«

Julian aber ließ die Veränderung von Frau Materski keine Ruhe. Er erkundigte sich bei anderen Leuten. Die Blumenhändlerin, der Musiker auf der Brücke, die Verkäuferin der Straßenzeitung vor dem Supermarkt, niemand konnte ihm erklären, was mit Frau Materski passiert war.

»Sie ist verrückt geworden«, glaubte die Verkäuferin.

»Der Arzt hat ihr im Krankenhaus die falschen Medikamente gegeben«, vermutete der Musiker.

»Es ist furchtbar, aber wir können ihr nicht helfen«, sagte die Blumenhändlerin. »Ich stand schon dreimal vor ihrem Haus. Jedes Mal hat sie mich zum Teufel gejagt.«

Der Verlust schmerzte alle. Frau Materski hatte nicht nur ihre Freundlichkeit verloren, sondern auch ihre Großzügigkeit. Julian war nicht der Einzige, der für seine Hilfe mit den Einkäufen ein Trinkgeld bekam. Immer wenn sie über die Brücke ging, lobte sie den Musiker, wie schön er das Akkordeon spielte, und legte eine Münze, manchmal sogar eine Geldnote in seinen Hut. Die Blumenhändlerin erkundigte sich besorgt, ob die Blumen schon verwelkt waren, wenn Frau Materski einen neuen Strauß kaufte. Sie schüttelte den Kopf: »Aber jetzt, wo der Küchentisch so schön ist, fällt auf, wie nackt der Tisch im Wohnzimmer ist.«

Die Zeitungsverkäuferin erinnerte Frau Materski daran, dass sie diese Ausgabe schon hatte und die neue erst in zwei Tagen erschien. Die alte Dame kaufte die Zeitung trotzdem und behauptete, dass sie ihre verloren hatte und den Artikel über die Fußballweltmeisterschaften der Obdachlosen unbedingt noch lesen wollte.

Ihr Leben lang hatte Frau Materski als Biologielehrerin am Gymnasium gearbeitet. Sie bekam eine ordentliche Rente. Der Kredit für ihr kleines Haus war längst abbezahlt. Und wenn einmal ein Ziegel auf dem Dach ersetzt werden musste, ruinierte sie das auch nicht. Sie sparte nicht. Sie gab ihr Geld aus und unterstützte damit das ganze Viertel.

So einig sich die Leute über ihre Großzügigkeit waren, so widersprüchlich waren die Angaben zu ihrem Alter. Julian war nicht der Einzige, der nicht wusste, wie alt sie war.

»Nächstes Jahr wird sie siebzig«, sagte der Musiker.

»Fünfundsiebzig«, schätzte die Blumenhändlerin.

»Letztes Jahr hat sie eine Glückwunschkarte vom Bürgermeister bekommen, also muss sie mindestens achtzig sein«, war die Zeitungsverkäuferin überzeugt.

Einen Mann gab es in Frau Materskis Leben nicht. Sie war nur einmal im Leben verliebt gewesen. »Schön war er, Augen hatte er, und einen Mund!«, schwärmte sie noch heute, wenn sie sich an den Taugenichts erinnerte, den sie kurz nach ihrem siebzehnten Geburtstag kennengelernt hatte. Ebenso schnell, wie er in ihrem Leben aufgetaucht war, verschwand er wieder. Frau Materski hatte noch nicht einmal Zeit gehabt, zu bemerken, dass sie schwanger war.

Ihren Sohn zog sie alleine groß. Sie nahm ihn mit an die Universität. Und als sie mit fünfundzwanzig Jahren die jüngste Lehrerin am Gymnasium wurde, war er schon groß genug, dass er selbst zur Schule ging.

»Ich habe in meinem Leben viel Glück gehabt, aber nicht mit den Männern«, sagte Frau Materski und lachte.

Ihr Sohn packte in der Nacht, als er achtzehn Jahre alt wurde, einen Seesack und fuhr per Autostopp zum nächsten Hafen. Er heuerte als Matrose auf einem Frachtschiff an. Ein paar Wochen später bekam Frau Materski eine Ansichtskarte aus Trinidad. Die hängt bis heute in der Küche an der Wand. Obwohl das Bild schwarz-weiß und vergilbt war, glaubte Julian die türkise Farbe des Meeres zu sehen. Die Palmen bogen sich lang und dünn über den Sandstrand. Als er Frau Materski das erste Mal die Einkäufe nach Hause brachte, las Julian, was auf der Rückseite stand.

Liebe Mutter, mach Dir keine Sorgen. Es geht mir gut. Das Leben ist aufregend. Die Welt ist groß. Wenn ich bedenke, dass mir nur noch fünfzig bis sechzig Jahre bleiben, glaube ich nicht, dass ich in Zukunft Zeit haben werde, Dir zu schreiben. Liebe Grüße aus dem Paradies, danke für alles, Dein Sohn

Frau Materski ist schleierhaft, weshalb er die Karte nicht mit seinem Namen unterschrieb. Sie hatte ihn nie Sohn genannt, fast nie, höchstens zwei, drei Mal, wenn er sie fuchsteufelswild gemacht hatte. So wie damals, als sie die Karte in den Händen hielt. »Sohn! Was willst du auf den Weltmeeren? Komm mit dem nächsten Schiff nach Hause!«

Diesen Gefallen tat er ihr nicht. Wie angekündigt, war die Karte das letzte Lebenszeichen, das Frau Materski von ihm bekam. Trotzdem war sie überzeugt, dass es ihm gut ging. Sie musste ihm recht geben, dass die Welt groß war und es im Leben viel zu entdecken gab. Natürlich war sie traurig. Sie vermisste ihn sehr. Irgendwann aber beschloss sie, sich keine Sorgen mehr zu machen. Dass sie am Gymnasium so viele junge Menschen um sich hatte, machte es ihr leichter. Jedes Jahr kamen neue Kinder dazu. Und als Biologielehrerin erklärte sie allen, wie das ging mit der Blume und der Biene, dem Mann und der Frau, und wie Kinder entstanden. Sie war stolz darauf, dass in den vierzig Jahren, die sie unterrichtete, keine ihrer Schülerinnen schwanger wurde.

Julian macht auf dem Weg zu Bela einen Halt vor Frau Materskis Haus. Er späht durch den Zaun und sieht, dass der Papierflieger verschwunden ist. Von der alten Frau aber fehlt jede Spur. Kein Umriss hinter den Vorhängen. Kein Licht in der Küche.

Der Lieferwagen des Boten vom Supermarkt hält vor dem Haus. Der Mann wirft eine große Schachtel über den Zaun. Der Köter kommt angerannt und bellt ihn wütend an.

»Es geht nicht anders«, sagt der Bote entschuldigend mit einem Blick zu Julian. »Ich kann die Lieferung unmöglich zur Tür bringen, sonst frisst er mich auf.«

»Was ist denn im Paket?«, fragt Julian.

»Jede Woche das Gleiche. Reis und Dosen. Erbsen, Gulasch, Ravioli. Und Hundefutter natürlich.«

»Ravioli aus der Dose?«

Der Bote nickt und läuft zurück zu seinem Wagen. Er ist immer in Eile.

Traurig betrachtet Julian das Paket. Eine Ecke ist eingeknickt. Keine Schleife, kein buntes Geschenkpapier. Der Köter kläfft dem Lieferwagen nach.

Bis vor einem Monat hat Frau Materski am Marktstand frisches Gemüse gekauft. Der Bäcker steckte ihr ein paar Kekse zusätzlich in die Tüte. Beim Italiener kaufte sie eingelegte Oliven und handgemachte Ravioli. Und jetzt nur noch Reis und Dosen? Verrückt.

Der Hund kläfft, bis der Lieferwagen um die Ecke biegt. Julian geht weiter. Seine Hoffnung, dass sich Frau Materski an ihrem Geburtstag wieder in eine liebenswürdige Dame verwandelt, erfüllt sich nicht. Hat sie seine Nachricht gelesen, die er auf das Papier geschrieben hat, aus dem er den Flieger faltete?

Liebe Frau Materski, herzlichen Glückwunsch zum Geburtstag, der wievielte auch immer es ist. Erinnern Sie sich an meine Einladung in den Zoo? Wir treffen uns um 14 Uhr bei Bela. Wenn Sie möchten, hole ich Sie ab.

Julian schaut auf die Uhr, es ist kurz vor zwei. Er muss sich beeilen.

2. KAPITEL

Birke

Julian betritt die Siedlung, in der Bela mit seiner Familie wohnt. Er greift sich in den Nacken. Seit heute Morgen wird er das Gefühl nicht los, dass ihm etwas im Nacken sitzt. Der Köter kann es nicht sein, den würde er hören mit seinem Gekläff. Vielleicht ist es das, was seine Mutter spürt, wenn sie verspannt ist und ihn bittet, ihr den Nacken zu massieren. Aber Julian war noch nie verspannt. Trotzdem ist da etwas. Kühl und unangenehm. Er bleibt stehen und dreht den Kopf. Tatsächlich, da ist nicht nichts. Da sind nicht nur die Straße und auf der anderen Seite die Häuser. Und obwohl Julian noch nie so etwas gesehen hat und auch nicht beschreiben kann, was er sieht, erkennt er auf den ersten Blick, was ihm im Nacken sitzt. Hinter Julian steht ein Geist. Das ist sein erster Gedanke. Ja, ganz eindeutig, ein Geist. Und der zweite: Das kann nicht sein.

Es ist Mittwoch, kurz vor zwei Uhr nachmittags. Er ist auf dem Weg zu Bela. Links die Wiese, auf der sie im Sommer Fußball spielen, rechts die Müllcontainer, hinter ihm die Straße. Die kalte Wintersonne scheint flach zwischen den Häusern hindurch. Aber dass es Tag ist und die Sonne scheint, ist nicht das Problem. Egal ob Tag, Nacht oder Geisterstunde. Das Problem ist, dass Julian mit zwölf Jahren zu alt ist, um an Geister zu glauben. Er weiß, dass es keine Geister gibt. Und das sagt er dem Geist auch, leise, aber deutlich.

»Mir egal«, antwortet der Geist.

Julian schließt die Augen und dreht sich dreimal im Kreis.

»Es gibt keinen Osterhasen. Es gibt keinen Nikolaus. Es gibt keine Gespenster.«

»Damit habe ich nichts zu tun«, hört er den Geist sagen, noch bevor er die Augen wieder öffnet.

»Was bist du denn, wenn du kein Gespenst bist?«

»Das hast du auf den ersten Blick erkannt. Ich bin ein ganz normaler Geist.«

Julian schüttelt den Kopf.

»Es gibt keine normalen Geister.«

Der Geist macht ein komisches Geräusch. Es klingt nicht wie von einem Menschen, trotzdem erkennt Julian es als Seufzer. Als ob der Geist in einer fremden Sprache seufzen würde.

»Und warum bist du ein Geist und kein Gespenst?«, will Julian wissen.

»Ein Gespenst ist das, was sich die Menschen ausdenken. Geister haben mit den Menschen nichts zu tun. Uns gibt es auch, wenn ihr nicht denkt, also immer. Uns gibt es schon immer.«

Julian denkt nach: »Und was ist mit der Geisterbahn? Die ist auch von Menschen gemacht.«

Der Geist nickt: »Deshalb müsste es Gespensterbahn heißen. Geisterbahn ist falsch.«

Julian dreht sich um. Es ist mühsam, dass der Geist immer schräg hinter ihm steht. Er will ihn von vorne sehen. Aber kaum hat er sich umgedreht, steht der Geist wieder hinter ihm.

»Hast du auch einen Namen?«, fragt Julian.

»Klar habe ich einen Namen.«

»Und der ist?«

»Birke.«

»Wie der Baum?«

»Nein. Wie Birke.«

»Sag ich doch. Wie der Baum.«

Wieder macht der Geist dieses Geräusch. Es tut weh in den Ohren. Das Seufzen ist so tief und voller Verzweiflung, dass der Geist Julian auf der Stelle leidtut. Er will nett sein und hält seine Hand hinter den Rücken.

»Hallo Birke. Ich bin Julian.«

Der Geist nimmt seine Hand. Julian spürt einen feuchten, kalten Luftzug. Erst jetzt erschrickt er und läuft davon, so schnell er kann. Eine schreckliche Angst greift nach ihm. Sie umklammert sein Herz und drückt zu. Ganz anders, als wenn er die Abkürzung durch den Park nimmt, obwohl es schon dunkel ist. Auch nicht wie bei der Matheprüfung, wenn er die Aufgaben nicht versteht. Am ehesten vielleicht wie damals, als er eine Stunde vor der verschlossenen Wohnungstür wartete, ohne zu wissen, wo seine Mutter blieb. Zwölf Jahre hin oder her und zu alt für Geister – so etwas wie diese Hand hat er noch nie gehalten.

Er hat den Durchgang zu Belas Hof schon fast erreicht, als er neben seinem Ohr die Stimme des Geistes hört, der ihn fragt: »Wo läufst du hin?«

Julian ist mindestens fünfzig Meter gelaufen, so schnell er kann, und im Laufen ist er im Gegensatz zum Rechnen der Schnellste in der Klasse. Trotzdem ist der Geist hinter ihm, kaum steht er wieder still. Julian spürt es. Er traut sich nicht, den Kopf zu drehen. Vielleicht verschwindet der Geist, wenn er ihn nicht anschaut. Das ist kindisch, schimpft er mit sich. Das Haus, die Wiese, der Baum und die Müllcontainer sind auch da, wenn er nicht hinschaut. So klein ist er nicht mehr. Belas Bruder glaubt, dass es nur gibt, was er sieht. Wenn sie Verstecken spielen, hält er sich die Hände vors Gesicht.

Julian versucht nicht zu weinen. Er spürt einen dicken Kloß im Hals, der sich nicht schlucken lässt. Die Angst treibt ihm die Tränen in die Augen. Damals vor der Tür, als seine Mutter nicht zu Hause war, hat er auch angefangen zu weinen, obwohl er es nicht wollte.

»Hau ab!«

»Schrei doch nicht.«

»Ich schreie, wann ich will!«, schreit Julian.

»Du schreist dich selbst an.«

»Mir egal!«

Julian verstummt. Hat er gerade den gleichen Satz wie der Geist gesagt? Und hat Birke es gemerkt?

»Du hast Angst. Das ist normal«, sagt der Geist.

Julian wird wütend. Er dreht den Kopf jetzt doch.

»Was willst du von mir?«

Birke schaut ihn erstaunt an.

»Wie kommst du darauf, dass ich etwas von dir will?«

»Du tauchst plötzlich hier auf, und dann sagst du, dass du nichts von mir willst?«

»Ich bin ein Geist, wie soll ich sonst auftauchen, wenn nicht plötzlich?«

»Dann kannst du auch plötzlich wieder verschwinden.«

Birke schüttelt den Kopf.

»Das geht nicht.«

»Und warum nicht?«

»Weil *du* etwas von *mir* willst.«

Julian muss lachen. Er lacht nicht, weil es lustig ist, sondern weil er wütend ist. Und vielleicht auch, weil er Angst hat.

»Was soll ich von dir wollen?«

Birke schaut ihn mit ernstem Gesicht an. Er verzieht keine Miene.

»Das weiß ich nicht, das musst du selbst herausfinden.«

Julian will weg hier. Er will zu seinem Freund Bela. Er will in den Zoo. Er will nichts von diesem Geist.

»Du bist vor der Existenzangst davongerannt. Das ist die schlimmste Angst, die es gibt.«

»Was soll das sein? Existenzangst?«

Birke erklärt es ihm geduldig: »Du weißt, dass es dich gibt. Und du glaubst zu wissen, dass es mich nicht gibt. Weil es mich jetzt doch gibt, kannst du nicht mehr sicher sein, ob es dich wirklich gibt.«

Julian spricht die Sätze von Birke im Kopf nach, um sie zu verstehen. Vergeblich. Er versteht kein Wort.

»Bela wartet schon seit zehn Minuten auf mich.«

»Ist das lange?«, fragt Birke.

»Zehn Minuten sind zehn Minuten.«

Der Geist zuckt mit den Schultern.

»Ich weiß nicht, was eine Minute ist.«

»Zähl bis sechzig, dann weißt du es.«

»Zeit kann ich mir nicht vorstellen. Eine Sekunde, eine Minute, ein Jahr, ein Jahrhundert, alles das Gleiche.«

Julian zählt langsam bis drei.

»Das ist überhaupt nicht das Gleiche.«

»Für mich schon.«

»Wie alt bist du?«

»Ein Geist hat kein Alter.«

Julian schöpft Hoffnung.

»Weil es dich nicht gibt!«, ruft er triumphierend, aber Birke lässt sich davon nicht beeindrucken.

»Ich bin zwölf Jahre alt. Ich lebe jetzt. Es gibt gestern, heute und morgen. Eine Sekunde ist – zack – vorbei, ein Jahrhundert ist eine halbe Ewigkeit. Wenn du die Zeit nicht kennst, lebst du nicht, also gibt es dich auch nicht.«

So wie ihn Birke anschaut, rechnet Julian schon

mit dem nächsten seltsamen Seufzer. Birke aber schüttelt nur den Kopf.

»Wir müssen noch viel klären zusammen.«

»Wir müssen gar nichts!«

Julian hat die Angst inzwischen so weit unter Kontrolle, dass er davongehen kann. Langsam, Schritt für Schritt, geht er auf das Haus zu, in dem Bela mit seinen Eltern und seinem kleinen Bruder wohnt. Er versucht, das Gefühl zu ignorieren, dass Birke an seiner Seite bleibt. Erst als er vor Belas Haustür steht, kann er nicht anders. Er schaut sich um, und da ist er, der Geist, an der gleichen Stelle wie vorher, eine Handbreit neben und einen Fuß hinter seiner rechten Schulter. Jetzt platzt Julian der Kragen.

»Du kannst nicht mitkommen! Bela ist mein Freund. Was sollen seine Eltern sagen, wenn ich einen dahergelaufenen Geist mitbringe?«

»Dann sind wir uns also einig, dass es mich gibt? Das ist ein Anfang.«

Julian fühlt sich ertappt. »Nein!«, ruft er.

»Warum gehst du dann nicht einfach hinein zu deinem Freund, wenn es mich nicht gibt?«

Julian drückt trotzig auf den Klingelknopf und wartet.

»Warum machst du dir Sorgen, was seine Eltern sagen könnten?«

»Sei still!«

Es knackt durch das Lochgitter der Gegensprechanlage, dann summt der Türöffner. Julian schlüpft hinein und drückt die Tür hinter sich gleich wieder ins Schloss. Er lehnt sich mit dem Rücken gegen das Glas und atmet tief durch. Er wirft einen Blick über die Schulter. Da steht Birke, auf der anderen Seite der Scheibe, und schaut ihn dumm an. Ihm braucht kein Geist frech zu kommen. Soll er schauen, wo er bleibt. Kaum aber macht Julian einen Schritt auf die Treppe zu, spürt er Birke wieder neben sich. Und was ein weiterer Beweis ist, dass es den Geist nicht geben kann – weil es niemanden gibt, der durch geschlossene Glastüren gehen kann –, ist gleichzeitig das Gegenteil, Julian schluckt: ein Beweis, dass Birke ein Geist ist.

»Überzeugt?«, fragt Birke und grinst.

Zwei Stufen auf einmal nehmend, läuft Julian

die Treppe hinauf. Weil ganz ehrlich, jemand, der durch geschlossene Glastüren gehen kann, ist ihm noch unheimlicher als jemand, dessen Händedruck sich anfühlt wie ein ungewaschener, feuchter Waschlappen aus dem Kühlschrank. Wie eine Bananenschale, die zwei Wochen in der Sporttasche vergessen geht. Wie ein verfaulter Pilz.

Obwohl Birke schon bewiesen hat, dass er sich nicht so leicht abhängen lässt, will Julian so schnell wie möglich zu Bela in den siebten Stock. Sein Freund erwartet ihn hinter der Tür mit dem gelben Kreis. Als er Bela zum ersten Mal besuchte, fragte er ihn, was es mit dem gelben Kreis auf sich hat, aber Bela zuckte nur mit den Schultern. Sein Vater hatte aus Papier eine Schablone ausgeschnitten und den Kreis auf die Tür gemalt. Komische Idee. Im letzten Sommer hatte Belas Vater Wörter mit fünf Buchstaben gesammelt. Weil sein Deutsch nur aus den Bruchstücken besteht, die er sich merken kann, wenn er Radio hört, haben Julian und Bela ihm geholfen. Herr Badora, so heißt Belas Vater, begrüßt Julian jedes Mal anders, je nach dem, was im Radio gerade gesendet wird.

»Guten Tag Julian. In der Nacht verbreitet Regen. Acht bis zehn Grad. Auf zweitausend Meter minus zwei.«

Nacht. Regen. Meter. Minus. Es gibt viele Wörter mit fünf Buchstaben. Vor Kurzem sagte Herr Badora: »Hallo Julian. Die Piste ist in einem ausgezeichneten Zustand. Die Helfer haben ganze Arbeit geleistet.«

Er spricht sehr klar und betont jede Silbe, fast wie Bela. Nur merkt man ihm an, dass er im Reden nicht so viel Übung hat wie sein Sohn, der schon über ein Jahr in Julians Klasse geht. Julian muss oft lachen, wenn Herr Badora etwas sagt. Und immer fragt dieser dann mit ernster Miene: »Habe ich falsch gesagt?«

Julian schüttelt den Kopf. »Alles richtig, Herr Badora.«

Und Herr Badora lächelt zufrieden: »Gut. Keine Fehler im Radio.«

Bela hat Julian erzählt, dass sein Vater früher im Radio selbst die Nachrichten vorgelesen hat. Vielleicht sind sie hierhergekommen, weil er zu viele Fehler gemacht hat? Auch wenn Julian sich das eigentlich nicht vorstellen kann, so vorsichtig, wie Herr Badora spricht.

Der gelbe Kreis hat den Vorteil, dass Julian die Tür nicht verpassen kann, auch wenn er die Treppe hinaufläuft, ohne die Stockwerke zu zählen. Den Lift benützt er fast nie. Und schon gar nicht mit einem Geist an der Seite. Die Vorstellung, alleine im Lift stecken zu bleiben, ist unangenehm genug, aber mit einem Geist in der engen Kabine festzusitzen, bis ein Monteur kommt, das will Julian nicht erleben.

Außer Atem bleibt er vor der Tür mit dem gelben Kreis stehen. Die Tür ist angelehnt. Julian klopft und stößt sie auf. Im Flur stehen die Schuhe der ganzen Familie an der Wand aufgereiht. An einem Garderobenständer hängen die Jacken. Herr Badora streckt den Kopf aus der Küche. Im Hintergrund läuft das Radio.

»Komm rein. Bela ist in seinem Zimmer.«

Julian zieht die Schuhe aus, stellt sie neben die Turnschuhe von Bela und hängt die Jacke an die Garderobe. Herr Badora ist wieder in der Küche verschwunden. Julian schöpft Hoffnung. Herr

Badora hat Birke nicht gesehen, sonst hätte er bestimmt etwas gesagt. Julian beschließt, Birke zu ignorieren und geht ins Zimmer von Bela.

»Schau dir das an«, begrüßt ihn sein Freund, ohne aufzublicken. Bela hat auf seinem Schachbrett eine komplizierte Stellung aufgebaut.

»Schwarz muss Weiß in drei Zügen matt setzen. Seit einer Stunde suche ich vergeblich nach einer Lösung.«

Bela spielt ziemlich gut Schach. Er hat Julian gezeigt, wie es geht, welche Figur wie bewegt werden darf. Aber Julian verliert immer, auch wenn sein Freund sich Mühe gibt, extra schlecht zu spielen. Manchmal schimpft er sogar mit ihm: »Hast du nicht gesehen, dass du mit deinem Läufer meine Dame schlagen kannst? Das ist doch nicht so schwierig!«

Bela zieht einen Turm übers Brett und schlägt einen Springer, dann schlägt er mit der Dame den Turm.

»Ich bin ziemlich sicher, dass die Lösung etwas mit dem Turm zu tun hat.«

Julian wartet ungeduldig darauf, dass Bela ihn

endlich anschaut. Die Reaktion seines Freundes wird ihm den endgültigen Beweis liefern, ob es Birke gibt.

»Aber wenn die Dame den Turm schlägt, kommt der Läufer nicht ins Spiel. Was meinst du?«

Bela erwartet keine Antwort, wenn er ihn nach seiner Meinung zu einem Schachproblem fragt.

»Hast du die Matheaufgaben schon gemacht?«, fragt Julian.

Er hat sein Heft mitgebracht. Wenn er die Aufgaben selbst löst, braucht er dafür mindestens eine Stunde, und Bela macht es nichts aus, wenn Julian die Lösungen abschreibt.

»Stehen im Heft.«

Bela zeigt mit der Hand auf seinen Schreibtisch. Er ist immer noch über das Schachspiel gebeugt. Julian wartet. Bela hält einen Bauern, aber er zieht ihn nicht. Er denkt nach. Julian zählt langsam bis zehn. Es passiert nichts. Dann endlich schaut Bela hoch. »Was ist los?«

Julian sagt nichts und bewegt sich nicht.

»Julian? Alles gut?«

Innerlich jubelt Julian. Bela fragt, was mit ihm

los ist, und nicht, wer hinter ihm steht. Also ist hinter Julian nichts. Vor lauter Freude boxt Julian Bela in den Bauch. Sein Freund krümmt sich und protestiert. Julian kitzelt ihn. Bela versucht, sich zu wehren. Sie geraten aus dem Gleichgewicht und fallen über das Schachbrett. Die Figuren kullern durcheinander. Etwas sticht Julian in den Rücken. Als er sich aufrichtet und sieht, dass er auf den schwarzen König gefallen ist, sieht er auch, dass Birke doch noch da ist. Der Geist nimmt den König und hält ihn Julian hin. Während Bela lachend die Figuren sortiert, überlegt Julian sich, was es bedeutet, dass Birke da ist, obwohl Bela ihn nicht sieht. Wenn Bela sich umdrehen würde, würde er die Schachfigur sehen, nicht aber den Geist. Aus seiner Sicht würde die Figur in der Luft schweben.

»Bela, schnell! Schau!«

Bela dreht sich um, im gleichen Moment aber lässt Birke den König los und er fällt zu Boden.

»Spinnst du? Die Figuren hat mein Großvater geschnitzt!«

Bela hebt den König auf und streichelt ihn

sanft, als ob er eine Puppe wäre, die sich beim Sturz wehgetan haben könnte. Julian schaut Birke böse an. Der Geist hebt entschuldigend die Hände.

3. KAPITEL

Der Zoo

Stockender Verkehr auf der Südosttangente. Rechnen Sie eine halbe Stunde mehr Zeit ein.« Herr Badora steht in der Tür des Kinderzimmers.

»Gleich«, versucht Bela seinen Vater zu vertrösten. Er hat die Schachfiguren neu aufgestellt und brütet wieder über dem Rätsel. Julian schreibt gerade die letzte Lösung in sein Matheheft.

»Seit wann haben Sie ein Auto?«, fragt er.

»Wer braucht denn ein Auto? Wir haben doch die Straßenbahn.«

Herr Badora begleitet sie heute in den Zoo. Julians Mutter fällt aus, weil sie in ihrem abgedunkelten Schlafzimmer liegt. Es ist einer ihrer Kopfwehtage. Beim Frühstück hat sie noch mit ihm Kuchen gegessen und tapfer gelächelt, als er alle zwölf Kerzen auf einmal ausgeblasen hat. Aber als er aus der Schule nach Hause kam, stand

Mara in der Küche und rührte im Topf mit Milchreis.

Julian ist ziemlich sicher, dass die Kopfschmerzen etwas mit dem Verschwinden seines Vaters zu tun haben. Er ist vor drei Jahren aus ihrer Wohnung ausgezogen. Seine Mutter behauptet zwar, dass sie auch vorher schon Kopfschmerzen hatte, aber seither macht Julian jedes Mal einen Strich auf den Bettpfosten, wenn seine Mutter einen Tag im dunklen Schlafzimmer liegt. Es sind schon ziemlich viele Striche.

»Papa ist abgehauen.« Das waren die Worte, die ihre Mutter brauchte, um Mara und ihm den leeren Stuhl am Frühstückstisch zu erklären.

»Mama hat mich rausgeworfen«, sagte ein paar Tage später ihr Vater, als Julian und Mara sich je drei Kugeln Eis aussuchen durften. Schokolade, Erdbeere und Birne. Weshalb er Birne wählte, weiß Julian nicht mehr. Birne schmeckte nicht, daran erinnert er sich gut. Und dass es ihm egal war, ob sein Vater abgehauen ist, weil er rausgeworfen wurde, oder ob er rausgeworfen wurde, weil er abgehauen ist. Er fand beides doof.

Mara war damals schon fast erwachsen. Sie erklärte ihm, dass es besser war, wenn zwei Menschen auseinandergingen, wenn sie sich nicht mehr liebten.

»Aber sie sind unsere Eltern!«, protestiert er.

»Das bleiben sie doch.«

»Auch wenn sie sich nicht mehr lieben?«

»Vielleicht haben wir bald vier Eltern. Zwei richtige, eine Stiefmutter und einen Stiefvater. Oder zwei Stiefmütter, zwei Stiefväter, wer weiß?«, überlegte Mara.

»Böse oder gute?«, fragte Julian.

»Nur gute, die bösen vertreiben wir.«

Inzwischen findet Julian es nicht mehr so schlimm, dass sein Vater und seine Mutter in zwei verschiedenen Straßen wohnen. Für kurze Zeit hatten sie auch mal so etwas wie eine Stiefmutter und einen Stiefvater. Julian fand beide ganz in Ordnung. Sie versuchten nett zu sein. Die Stiefmutter war nach einem Monat wieder weg. Der Stiefvater hielt es auch nicht viel länger aus. Julian wollte wissen, ob Mara ihn vertrieben hatte. Seine Schwester schüttelte den Kopf.

»Das war nicht nötig.«

Nur das mit den Kopfwehtagen, das ist nicht gut.

»Komm, Bela.« Herr Badora hält Belas Jacke und Turnschuhe in der Hand. Julian steht an der Eingangstür. Wenn er einen Schritt in die Wohnung macht, steht Birke hinter ihm. Geht er zurück, verschwindet der Geist durch die Tür. Weil er immer noch nicht so richtig glauben kann, was er sieht oder eben nicht sieht, geht er immer wieder vor und zurück.

»Julian ist schon ganz ungeduldig«, sagt Herr Badora.

Bela geht nicht gerne mit Fragen im Kopf aus dem Haus. Julian klopft gegen die Tür. Sie ist hart wie immer. Er dreht den Kopf und sagt zur Tür: »Hörst du mich? Bist du noch da?«

»Wo soll ich sonst sein?«

Bela steht vor ihm und macht seine Jacke zu.

»Turm auf a3.«

»Hast du die Lösung gefunden?«, fragt Julian.

»Noch nicht. Aber fast.«

»Wer zuerst unten ist.«

Julian reißt die Tür auf und läuft die Treppe hinunter. Bela folgt ihm nicht, sondern drückt auf den Liftknopf. Er spielt nur, wenn er gewinnt.

Bela streitet das ab: »Beim Schach weiß man nie, wer gewinnt. Ich verliere regelmäßig gegen den Computer.«

»Gegen den Computer, aber nicht gegen mich«, protestiert Julian.

»Aber es ist doch nicht meine Schuld, wenn du verlierst.«

Julian kann sich nicht erinnern, dass Bela schon einmal verloren hat, im Schach sowieso nicht, aber auch sonst nicht. Und wenn doch, findet Bela einen Grund, weshalb die Regeln nicht fair sind oder das Spiel wiederholt werden muss.

Julian ist schneller als der Lift und wartet vor der Haustür auf Bela und seinen Vater. Er dreht sich zu Birke um und fragt: »Kannst du Schach spielen?«

»Ich kenne die Regeln.«

»Aber?«

»Ich interessiere mich nicht für Sport.«

Die Antwort könnte von ihm sein, denkt Julian.

Er könnte die Matheaufgaben auch selbst lösen. Er schreibt sie nur ab, weil er keine Lust hat. Weshalb Schach ein Sport sein soll, versteht er nicht. Bela behauptet das auch, obwohl jeder sieht, dass Schachspieler nur herumsitzen.

Die Lifttür geht auf und Herr Badora steigt aus.

»Wo ist Bela?«

»Es ist ihm noch etwas eingefallen. Er holt uns bei der Straßenbahnhaltestelle auf.«

»Er holt uns ein.«

»Aufholen, einholen, abholen, überholen, nachholen. Du hast sicher recht«, sagt Herr Badora und seufzt.

Bis jetzt ist es Julian nicht aufgefallen, aber auch Herr Badoras Seufzen klingt komisch. Vielleicht seufzen nicht nur Geister in ihrer eigenen Sprache, sondern auch Menschen?

Sie gehen schweigend zur Straßenbahn. Julian weiß nicht, was er mit Belas Vater reden soll. Er hofft, dass sein Freund bald kommt. Herr Badora macht das Schweigen nichts aus. Obwohl er das Radio liebt, ist er kein Freund von unnötigen Worten. Wenn sie im Radio zu viel reden und zu wenig

Musik spielen, schimpft er: »Jetzt plappern sie wieder.«

Plappern war eines der ersten Worte, das er gelernt hat, obwohl es mehr als fünf Buchstaben hat. Und wenn er es sagt, klingt es, als ob plappern etwas Schlimmes wäre.

Als die Straßenbahn einfährt, kommt Bela angelaufen. Julian hält ihm die Tür auf. Er springt im letzten Moment hinein.

»Frau Materski kommt nicht mit?«, fragt er.

Julian schüttelt den Kopf.

»Aber der Adler ist gelandet?«

»Wie geplant. Auf der obersten Treppenstufe zum Küchenbalkon.«

Als die Straßenbahn losfährt, bleibt Julian mit dem Rücken zur Tür stehen, während Bela sich einen Platz sucht. Ist Birke schnell genug für die Straßenbahn? Bei voller Fahrt wirft Julian einen Blick über die Schulter. Der Geist lächelt ihn durch das schmale Fenster in der Tür an. Er legt den Kopf zurück und genießt den Fahrtwind. Die Kälte scheint ihm nichts auszumachen.

Julian schließt die Augen und versucht sich

vorzustellen, wie Birke aussieht. Obwohl er ihn gerade noch angeschaut hat, gelingt es Julian nicht, ihn zu beschreiben. Er hat schon immer geahnt, dass er ein schlechter Zeuge wäre. Vermutlich könnte er nicht einmal seine Lehrerin beschreiben, obwohl er sie jeden Tag stundenlang anschaut. Er weiß, dass Frau Reiter kurze graue Haare hat, dass ihre Ohren leicht abstehen und dass ihre Lippen immer rot sind. Von Birke kann er nicht einmal sagen, ob er Haare hat. Der Geist kann ihn hören, aber hat er Ohren? Vielleicht brauchen Geister keine Ohren, um zu hören, keine Augen, um zu sehen, und keine Nase, um zu riechen, denkt er. Vielleicht haben Geister eine Frisur, ohne dass sie Haare haben?

Julian geht zum freien Platz neben Bela und setzt sich. Hinter ihm sitzt ein junger Mann. Und weil die Reihen in der Straßenbahn eng beieinanderstehen, sieht es so aus, als ob Birke ihm auf dem Schoß sitzen würde. Der Mann bekommt davon nichts mit. Er ist in sein Telefon vertieft, als ob es um ihn herum keine Welt geben würde, und schon gar keine Geister.

Bis sie im Zoo sind, müssen sie zweimal umsteigen. Julian kennt den Weg. Bela war letztes Jahr auch schon dabei, damals war er neu in der Klasse. Herr Badora war noch nie im Zoo. Er freut sich, dass er sie begleiten darf, obwohl es ihm leidtut, dass Julians Mutter Kopfschmerzen hat.

»Sie muss drei Kapseln Kardamom und eine scharfe Chilischote zerdrücken, mit heißem Wasser übergießen, fünf Minuten ziehen lassen, einen Löffel Honig dazugeben und den Tee dann langsam, Schluck für Schluck trinken.«

»Was ist Kardamom?«, fragt Julian.

»Ein Gewürz«, antwortet Bela. »Kann ich dir mitgeben. Davon haben wir einen ganzen Sack voll. Mein Vater behauptet, dass es gegen alles hilft.«

Julian stellt sich mit dem Geld, das ihm seine Mutter mitgegeben hat, in die Schlange an der Kasse. Als er an der Reihe ist, zeigt er hinter sich und sagt: »Ein Erwachsener und drei Kinder.«

»Drei Kinder?«, fragt die Frau an der Kasse.

»Zwei!«, korrigiert sich Julian erschrocken.

Herr Badora studiert den Übersichtsplan. Bela runzelt die Stirn, aber vermutlich denkt er nur über das Schachrätsel nach. Mit den Tickets gehen sie durch das Drehkreuz. Herr Badora hält das Ticket erst falsch in den Automaten, dann noch einmal falsch und schließlich ganz falsch. Ein Mitarbeiter hilft ihm. Als die Lampe neben dem Drehkreuz endlich grün leuchtet, schüttelt er den Kopf: »Es gibt nur ein Richtig und so viele Möglichkeiten für falsch.«

Im Zoo werden Julian und Bela bald ungeduldig. Herr Badora liest jede Tafel ganz genau. Er will wissen, woher die Vögel mit den langen Beinen kommen, die durch das Gehege stolzieren. Im Amphibienhaus lassen sie ihn schließlich stehen. Sie wollen zu den Löwen und Tigern, zu den Elefanten und Pinguinen.

»Die Seelöwen dürfen wir nicht vergessen«, sagt Bela.

Herr Badora zeigt auf einen gelben Frosch: »Schrecklicher Blattsteiger. Eines der giftigsten Tiere der Welt. Und ich habe noch nie davon gehört.«

Julian will einen Blick auf den giftigen Frosch werfen, aber als er vor dem Glas steht, springt der Frosch hinter einen Stein.

»Der Tiger ist auch gefährlich«, ruft Bela. Er läuft voraus und hört nicht mehr, wie sein Vater sagt: »Tiger, fünf Buchstaben, kennt jeder, aber hast du schon einmal eine Knoblauchkröte gesehen?«

Julian mag keinen Knoblauch. Er stellt sich aus Höflichkeit neben Herrn Badora, sieht aber nur noch, wie zwei braun gefleckte Beine hinter einer Pflanze verschwinden.

»Sammeln Sie immer noch Wörter mit fünf Buchstaben?«

»Nur noch zum Spaß«, sagt Herr Badora.

Bei den Zebras holt Julian seinen Freund ein. Ein Junges steht ganz nah am Zaun und schaut Bela neugierig an. Als Julian dazukommt, springt es auf, dass alle vier Beine in der Luft sind, dann läuft es zu seiner Mutter.

»Du hast es erschreckt.«

»Ich habe gar nichts gemacht.«

Sie gehen weiter, haben aber weiterhin wenig Glück. Das Nashorn verschwindet in seinem Holzverschlag. Sie sehen nur noch das Hinterteil mit dem lustigen kleinen Schwänzchen. Das Pavianrudel läuft einem Ball nach und verschwindet hinter dem künstlichen Felsen, der in ihrem Gehege steht.

Bevor Julian und Bela das Haus der Raubkatzen betreten, bleiben sie kurz vor der Tafel stehen, die an eine junge Tierpflegerin erinnert, die von einem Jaguar getötet wurde. Das passierte lange bevor Julian und Bela auf der Welt waren, trotzdem läuft ihnen jedes Mal ein Schauder über den Rücken, wenn sie die Tafel lesen. Die Pflegerin fütterte die Tiere und vergaß, eine Tür zu schließen. Wie leicht ihm das passieren könnte, denkt Julian, wie oft er eine Tür offen lässt. Wenn er ins Schulzimmer kommt. Wenn er die Garderobe verlässt und in die Turnhalle geht. Wenn er aus dem Kinderzimmer in die Küche geht. Es gibt so viele Möglichkeiten, Türen offen zu lassen. Manchmal knallt es, weil das Fenster offen ist und ein Luftzug die Tür zuschlägt, aber eigentlich passiert nie etwas Schlimmes. Das Pech der Tierpflegerin war, dass sie vergaß, die Tür zu schließen, die ins Außengehege der Raubkatzen führte.

Bela nickt ernst. Er fährt mit dem Finger über

den Namen der Frau und sagt: »Das Spiel kann schnell vorbei sein. Einmal nicht aufpassen. Turm auf a3. Kein schlechter Zug. Aber dann?«

»Das Leben ist kein Spiel«, protestiert Julian.

»Wer sagt das?«

Julian denkt nach. Er hat keine Ahnung. Das sagt man einfach so.

»Turgenjew«, flüstert Birke.

»Tur-gen-jew«, wiederholt Julian.

»Woher kennst du Turgenjew?«, fragt Bela erstaunt.

»Kennst du ihn?«

»Natürlich. *Väter und Söhne.*«

»Was ist das?«, will Julian wissen.

»Das Lieblingsbuch meines Vaters. Was hat Turgenjew gesagt?«

»Das Leben ist kein Spiel und kein Scherz. Das Leben ist schwere Arbeit.«

Julian wiederholt, was Birke ihm einflüstert, und geht mit einem stolzen Lächeln an seinem verdutzten Freund vorbei ins Raubkatzenhaus. Er sieht den Sibirischen Tiger schon von Weitem. Er liegt da, wo er fast immer liegt, direkt hinter dem Glas. Letztes Mal hat Julian sich neben ihn gelegt. Es war nur das Glas zwischen ihnen. Der Tiger ist mindestens doppelt so lang wie er. Die Pranke ist so groß wie sein Kopf. Unter dem glänzenden Fell zeichnen sich die Muskeln der Raubkatze ab. Sie ist schön und stark. Und Julian stellt sich jedes Mal vor, wie es wäre, wenn er mit einem Tiger befreundet wäre. Wenn er auf seinem Rücken reiten könnte. Wenn der Tiger mit ihm spielen würde. Wenn sie zusammen durch die Stadt spazieren würden. Die Menschen würden staunen. Und Julian würde ihnen winken. Er tut nichts, würde er sie beruhigen. Er ist klug, viel klüger als die Menschen, die ihn aus Aberglaube jagen und töten, um Medizin herzustellen. So etwas würde der Tiger nie tun. Er tötet nur, wenn er hungrig ist. Aber keine Angst, er ist gut gefüttert. Und nachts würde sich Julian auf seinen Bauch legen und sich mit seinen Pranken zudecken.

Julian will seine Hand auf die große Pranke legen, mit der sich der Tiger am Glas abstützt, da zuckt dieser mit den Ohren und öffnet die Augen. Er springt auf und faucht ihn an. Er fletscht die

Zähne, zieht den Schwanz ein und geht langsam rückwärts von der Scheibe weg. Er lässt Julian nicht aus den Augen. Erst als er bei der Tür ankommt, die ins Freie führt, dreht er sich um, springt durch die Luke und verschwindet zwischen den Büschen im Außengehege.

»Was ist mit dem Tiger los?«, fragt Bela. Er hat gerade noch gesehen, wie der Tiger mit eingezogenem Schwanz ins Freie flüchtete.

»Er hat Angst.«

Bela lacht.

»Vor dir?«

Julian wirft einen Blick über die Schulter.

»Oder er hat einen Geist gesehen.«

»Seit wann glaubst du an Geister?«, will Bela wissen. »Geister sind Kinderkram.«

Julian weiß nicht, was er darauf sagen soll. Bis heute Morgen hätte er Bela recht gegeben. Weil es im Tigergehege nichts mehr zu sehen gibt, geht Bela weiter zu den Löwen.

»Lass ihn reden. Er hat keine Ahnung«, sagt Birke.

Julian ist froh, dass der Geist die Beleidigung

nicht persönlich nimmt. Er versucht seinen Freund in Schutz zu nehmen: »Bela glaubt nur, was er berechnen kann. Schach und Mathematik zum Beispiel. An Gott glaubt er erst, wenn ihm jemand die Gleichung zeigt, die beweist, dass es Gott gibt.«

Als Julian seiner Mutter davon erzählte, lachte sie. Sein Freund sei sicher ein kluger Kopf, aber er müsse noch viel lernen. Zwischen Himmel und Erde gebe es vieles, was die Menschen nicht verstehen würden und deshalb auch nicht berechnen könnten. Vielleicht gehört Gott auch dazu, denkt Julian, und ein Geist, der heißt wie ein Baum.

4. KAPITEL

Der Kompass

Julian hat schlecht geschlafen. Trotzdem ist er wach, kaum dass seine Mutter die Tür öffnet. Er setzt sich auf und reibt die Augen. Der Morgen schimmert durch die Fensterläden.

»Du bist schon wach?«

Julian seufzt, aber was aus seinem Mund kommt, klingt komisch.

»Was sagst du?«, fragt seine Mutter.

»Ja, wach.«

Was sonst? Er sitzt ja schon. Und im Sitzen kann er nur schlafen, wenn er sehr müde ist. Wie man so müde sein kann, dass man im Stehen einschläft, hat er bis heute nicht verstanden.

»Möchtest du Cornflakes oder Brot?«

»Nichts.«

»Du gehst nicht aus dem Haus, ohne etwas zu essen«, sagt seine Mutter.

»Keinen Hunger.«

»Also Cornflakes.«

»Aber nur mit viel Zucker!«

Im Traum hat die Knoblauchkröte nach ihm geschnappt. Julian saß in einem riesigen Terrarium. Er versuchte auf einen Baum zu klettern, aber immer, wenn er seinen Fuß endlich aus dem schlammigen Boden befreit hatte und sich auf einem Ast abstützen wollte, brach dieser ab und er rutschte zurück in den Sumpf.

Julian stampft mit einem Fuß auf den Boden. Der Teppich ist fest. Kein Schlamm in seinem Zimmer. Er steht auf und geht ins Bad, wo er das Gesicht unters kalte Wasser hält. Er nimmt die Bürste und kämmt die Haare in die Stirn. Seine Mutter wird sie ihm aus dem Gesicht streichen. Sie mag es nicht, wenn er sich hinter einem Vorhang versteckt, wie sie es nennt. Aber Julian ist es heute lieber, wenn er die Welt und die Welt ihn nicht so genau sieht.

Als er sich im Spiegel mustert, hat er das Gefühl, dass hinter ihm etwas fehlt. Über der Badewanne hängt das Foto, das seine Mutter machte, als er im

Freibad zum ersten Mal vom Dreimeterbrett ins Wasser sprang. Er streckt darauf alle viere von sich. Im Gesicht eine Mischung aus Angst und Freude. Auf der Kommode stehen die Fläschchen, Tuben und Lippenstifte seiner Mutter. An der Wand neben der Badewanne hängt sein Handtuch und an der Innenseite der Tür der rote Bademantel seiner Mutter mit den großen blauen Blumen. Er hält das Gesicht noch einmal unters Wasser. Es fehlt nichts. Und trotzdem wird er das Gefühl nicht los, dass das Spiegelbild nicht vollständig ist. Als er den Kopf dreht und Birke ihn angrinst, schreit Julian vor Schreck.

»Was ist los? Julian?«

Er hört die Schritte seiner Mutter, die aus der Küche den Flur hinunterläuft. Schon steht sie in der Tür.

»Alles in Ordnung?«, fragt sie.

Julian macht einen Hüpfer auf dem rechten Fuß und hält sich den linken. »Ich bin mit dem kleinen Zeh gegen die Kommode gerannt.«

»Zeig her.«

»Geht schon wieder. Ich bin nur erschrocken.«

In der Küche pfeift der Teekessel.

»Komm! Dein Frühstück ist fertig.«

Die Mutter läuft zurück in die Küche. Julian schaut vorsichtig über die Schulter. Hat er sich schon so sehr an den Geist gewöhnt, dass ihm etwas fehlt, wenn er ihn im Spiegel nicht sieht? Weil er sich zur Tür gedreht hat, steht Birke zwischen ihm und dem Spiegel. Das ist ziemlich unheimlich. Hinter ihm steht Birke, und dahinter hängt der Spiegel. Im Spiegel aber kann Julian den Geist nicht sehen, sondern nur seinen eigenen Rücken. Schnell dreht er sich wieder um, damit der Geist ohne Spiegelbild verschwindet.

Als Julian gestern aus dem Zoo nach Hause kam, wusch er den Lappen, der auf der Stirn seiner Mutter ganz heiß geworden war, mit kaltem Wasser aus und legte ihn zurück. Sie bedankte sich leise und drückte seine Hand. Dann kochte er in der Küche Wasser und gab eine Packung Ravioli hinein. Am liebsten mochte er Ravioli mit Käsefüllung. Gestern gab es im Kühlschrank leider nur solche mit Spinat. Das war immer noch besser als Pilzfüllung, aber kein Vergleich mit den Käseravioli. Ravioli aus der Büchse hatte er nur einmal probiert. Es schmeckte furchtbar.

Vielleicht hätte er seiner Mutter von Birke erzählt, wenn sie keine Kopfschmerzen gehabt hätte. Als er sich ins Bett legte, fürchtete er sich davor, das Licht zu löschen. Es wäre ihm wohler gewesen, hätte seine Mutter Bescheid gewusst. Heute Morgen ist er nicht mehr sicher, ob es eine gute Idee ist, ihr von Birke zu erzählen. Abgesehen von dem Krötentraum hat er die erste Geisterstunde mit Birke problemlos überstanden. Was könnte seine Mutter dazu sagen? Dass er zu alt ist, um an Geister zu glauben? Das weiß er selbst. Dass es keine Geister gibt? Auch das war ihm bis gestern klar gewesen. Solange seine Mutter Birke nicht mit eigenen Augen sieht, wird sie ihm nicht glauben.

Bevor Julian das Badezimmer verlässt, dreht er sich noch einmal um.

»Ich habe nachgedacht. Wenn es dich gibt, würdest du dann Bogdan oben an der Treppe ein Bein stellen?«

»Das kann ich nicht. Das widerspricht Punkt 1.1 auf dem Geisterkompass«, sagt Birke.

»Punkt wie viel auf was?«

»Punkt 1.1 auf dem Geisterkompass.«

»Du meinst Kodex?«, fragt Julian.

»Wenn ich Kompass sage, meine ich Kompass. Piraten haben einen Kodex. Geister haben einen Kompass.«

»Wie beim Orientierungslauf?«

»Bei was?«

»Du weißt nicht, was Orientierungslauf ist?«

»Ist das wichtig?«

»Es ist eine Sportart.«

»Punkt 5: Wir Geister interessieren uns nicht für Sport. Wie ich schon sagte.«

Julian schaut Birke an.

»Dein Ernst?«

»Natürlich. Der Kompass versteht keinen Spaß.«

»Was haben Geister gegen Sport?«

»Wir haben nichts gegen Sport. Wir interessieren uns nur nicht dafür.«

»Und was ist Punkt 1.1?«, will Julian wissen.

»Aber wir helfen ihnen nicht dabei, anderen zu schaden«, sagt Birke.

»Wem helft ihr nicht?«

»Punkt 1: Wir Geister helfen den Menschen.«

Julian geht in die Küche. Im Gang blickt er sich noch einmal um. Birke folgt ihm wie gewohnt auf Schritt und Tritt. Julian setzt sich an den Tisch. Seine Mutter stellt ihm eine Schale mit Cornflakes hin und schneidet einen halben Apfel in Schnitze.

»Kann ich bitte den Zucker haben?«

»Ist schon dran.«

»Zu wenig.«

»Du hast noch gar nicht probiert.«

Julian ist erleichtert. Mit seiner Mutter ist alles in Ordnung. Der Kopf sitzt wieder auf ihren Schultern. Und dass sie Birke nicht sehen kann, war ihm schon klar, bevor er mit dem Geist in die Küche kam.

»Mama? Weißt du, ob es in den Sommerferien wieder diese Kurse gibt?«

Seine Mutter räumt die Spülmaschine aus.

»Es ist Januar.«

»Ja und? Es wird trotzdem wieder Sommer.«

»Was möchtest du denn machen?«

»Orientierungslauf.«

»Wie kommst du auf Orientierungslauf?«

Julian steckt einen großen Löffel Cornflakes in den Mund, damit sein Grinsen nicht auffällt.

»Keine Ahnung. Einfach so.«

»Erst schlucken, dann reden!«

Julian schluckt, dann fragt er: »Welcher Punkt in unserem Familienkodex ist das?«

»Seit wann haben wir einen Familienkodex?«

»Punkt 1: Papa ist doof«, fängt Julian an.

»Punkt 2: Julian ist frech«, ergänzt seine Mutter.

»Punkt 3: Erst schlucken, dann reden.«

»Punkt 4: Mama hat immer recht.«

»Punkt 5: Außer Julian weiß es besser.«

Sie lachen. Seine Mutter nimmt die leere Cornflakesschüssel vom Tisch und stellt sie in den Geschirrspüler.

»Punkt 6: Zähne putzen!«

Ein Blick zwischen Julian und seiner Mutter genügt, um den Startschuss für das Schaumspiel zu geben. Nebeneinander laufen sie den Flur hinunter. Kurz vor der Tür zum Badezimmer gelingt es Julian, seine Mutter abzudrängen. Er steht als Erster vor dem Waschbecken. Das ist ein entscheidender Vorteil. Er presst eine dicke Wurst Zahnpaste auf seine Bürste und nimmt sie in den Mund. Seine Mutter dreht die Sanduhr. Julian fängt an zu putzen. Seine Mutter darf ihre Zahnbürste erst jetzt aus dem Becher nehmen. Sie verliert wertvolle Zeit, während sie die Tube aufschraubt. Dann bürsten und putzen sie beide so schnell sie können. Kurz bevor die Sanduhr abläuft, versucht seine Mutter ihn zum Lachen zu bringen, indem sie eine Grimasse schneidet. Julian hält die Luft an. Jetzt nur nicht losprusten, sonst ist alles verloren. Er beißt auf die Bürste. Seine Mutter schielt, rollt mit den Augen und verzieht die Brauen in alle Richtungen, aber Julian schafft es, die Luft anzuhalten, bis die Sanduhr abgelaufen ist. Jetzt kommt die Entscheidung. Beide nehmen ihren Becher und spucken den Schaum hinein. Auf der Kommode stellen sie die Becher nebeneinander. Julian hat um eine Haaresbreite mehr Schaum. Er reißt die Arme in die Luft. Gewonnen! Er darf sich für das Abendessen eine Nachspeise wünschen.

»Birne Helene, was denn sonst!«

Julian geht früh genug los, dass er sich auf dem Weg in die Schule nicht beeilen muss. Manchmal wartet er vor dem Wohnblock auf Bela. Dieser ist aber immer so spät dran, dass sie den halben Weg in die Schule laufen müssen, um rechtzeitig zu kommen. Bela scheint das nichts auszumachen. Einmal hat Julian ihn gefragt, weshalb er nicht früher losgeht.

»Ich habe zu tun.«

»Morgens vor der Schule?«

»Es ist immer etwas zu tun.«

Heute geht Julian alleine zur Schule – wenn er es überhaupt noch als Alleinsein bezeichnen kann, denn natürlich geht Birke einen halben Schritt hinter ihm her. Wobei gehen auch nicht das richtig Wort ist, er schwebt vielmehr. Er schwebt und lächelt, wie Julian feststellt, als er sich umschaut.

»Warum lachst du immer?«

»Lache ich?«

»Du hast ständig ein Grinsen im Gesicht«, stellt Julian fest.

»Ich bin ein freundlicher Geist.«

Julian überlegt.

»Das ist nicht freundlich, wenn du im falschen Moment lachst.«

»Ist es jetzt falsch?«

»Jetzt nicht, aber wenn ich mir zum Beispiel den kleinen Zeh gebrochen hätte«, sagt Julian.

»Pass auf!«, ruft Birke.

Fast wäre Julian in eine Einbahntafel gelaufen. Er kann gerade noch ausweichen. Birke geht einfach durch die Tafel hindurch.

»Danke.«

»Keine Ursache.«

Das Grinsen auf Birkes Gesicht wird noch breiter, und Julian weiß jetzt, weshalb es ihn stört.

»Wenn du ständig lachst, weiß ich nicht, wann du etwas ernst meinst und wann du mich auf den Arm nehmen willst.«

»Ich will dich nicht auf den Arm nehmen. Dafür bist du zu schwer.«

»Meine Mutter sagt immer, dass ich zu wenig esse.«

»Willst du mich auf den Arm nehmen?«

Julian streckt den Arm nach hinten. Birke

springt in die Luft und landet auf Julians Arm. Wieder spürt er den kühlen Luftzug, mit dem ihm Birke gestern die Hand gegeben hat. Diesmal erschrickt er nicht, sondern schaut amüsiert zu, wie Birke versucht, auf seinem Arm das Gleichgewicht zu halten.

»Du trägst keine Schuhe.«

»Wofür brauche ich Schuhe?«, fragt Birke.

»Hast du keine Füße?«

»Ich weiß nicht, habe ich Füße?«

Wer eine Handbreit über dem Boden schwebt, braucht weder Schuhe noch Füße. Obwohl er Birkes Gewicht nicht spürt, wird Julians Arm bald müde. Es ist mühsam, den Arm ausgestreckt nach hinten zu halten. Er lässt ihn sinken. Der Geist schwebt nach einem kurzen Federn wieder über dem Boden.

»Warum bleibst du immer hinter mir?«

»Punkt 3 auf dem Kompass: Wir Geister sind zurückhaltend. Wir drängen uns nicht vor.«

»Vordrängen nicht, aber aufdrängen schon.«

»Das ist nicht wahr!«

Jetzt muss Julian lachen. Wenn es um den Kompass geht, versteht Birke keinen Spaß.

»Ich habe dich nicht gerufen.«

»Bist du sicher?«

Birke hat die Fassung schnell wiedergewonnen, und sein Blick gefällt Julian gar nicht.

»Was willst du damit sagen?«

»Nichts.«

»Habe ich dich gerufen?«

Birke zuckt mit den Schultern und schaut unschuldig in die Luft.

Julian kommt zur Ampel an der Hauptstraße. Es dauert immer ewig, bis sie auf Grün springt. Vor ihm rauscht der dichte Morgenverkehr vorbei. Er hat keinen Geist gerufen. Er hat bis gestern überhaupt nichts mit Geistern zu tun gehabt. Seine Mutter hat ihm *Das kleine Gespenst* vorgelesen, aber das ist schon ewig her. Er kann sich an keine andere Geistergeschichte erinnern. Er war noch nie auf einer Geisterbahn, die eigentlich Gespensterbahn heißen müsste. Letzte Woche waren sie im Kino, aber auch da kam kein Geist vor. Seine Lieblingsserie, die er sich anschauen darf, wenn er die Hausaufgaben gemacht hat, spielt in

Alaska. Da gibt es Bären, Wölfe und Adler, aber keine Geister. Er interessiert sich nicht für Geister. Nicht einmal mit Zauberern kennt er sich aus. Der Heilige Geist fällt ihm noch ein, aber so wie seine Mutter ihm erklärt hat, was das ist, kann der unmöglich etwas mit Birke zu tun haben. Er ist mehr wie ein heißer Wind, ein Feuer, das die Menschen erfasst, wenn sie an Gott glauben. Julian glaubt nicht an Geister. Und trotzdem ist Birke da.

»Kommst du mit in die Schule?«

»Gehst du in die Schule?«

»Wohin soll ich sonst gehen?«, fragt Julian.

»Dann komme ich mit.«

»Du begleitest mich überallhin.«

Birke antwortet nicht, also geht Julian davon aus, dass er recht hat.

»Und wenn ich alleine sein will?«

»Willst du alleine sein?«

»Jetzt nicht, aber vielleicht später.«

»Sag mir, wenn es so weit ist.«

»Gehst du dann weg?«

»Ich mache mich unsichtbar.«

»Das kannst du?«

»Ich stelle mich so hinter dich, dass du mich nicht siehst.«

»Nur weil ich dich nicht sehen kann, bist du nicht unsichtbar. Und ich nicht alleine.«

»Woher willst du wissen, dass ich nicht unsichtbar bin, wenn du mich nicht siehst? Und wann sollst du alleine sein, wenn nicht dann, wenn du niemanden siehst?«

Julian denkt nach.

»Manchmal spüre ich, dass jemand da ist.«

»Was spürst du dann?«, will Birke wissen.

»Gestern hatte ich das Gefühl, dass mir etwas im Nacken sitzt.«

»Das hast du dir eingebildet.«

»Sagst du jetzt selbst, dass du nur eine Einbildung bist?«, fragt Julian erstaunt.

Birke seufzt, dass es wehtut in den Ohren. »Nicht ich bin eine Einbildung, sondern das Gefühl, dass dir etwas im Nacken sitzt.«

»Und der kalte Waschlappen, wenn du mir die Hand gibst?«

»Einbildung.«

»Und die Tiere? Bilden sich die Tiere etwa auch ein, dich zu spüren?«

»Ich habe keine Ahnung, was Tiere spüren. Punkt 4.7 auf dem Kompass: Tiere sind uns egal.«

Julian fordert Birke auf, sich so hinter ihn zu stellen, dass er ihn nicht sieht. Er will testen, ob er sich dann alleine fühlt. Birke tut es. Julian ist nicht zufrieden.

»Wenn ich weiß, dass du da bist, bin ich nicht alleine.«

»Mehr kann ich nicht tun.«

Als die Ampel endlich auf Grün springt, läuft Bela an Julian vorbei. Ist es schon so spät? Er muss im Gespräch mit Birke die Zeit vergessen haben.

»Bela, warte!«, ruft er.

»Keine Zeit.«

Julian läuft los. Er braucht nicht lange, um Bela einzuholen. Sein Freund kann zwar lange laufen, aber schnell ist er nicht.

Auf der anderen Seite der Hauptstraße führt ein Fußweg durch einen kleinen Park. Ein Eichhörnchen läuft vor ihnen über den Weg und klettert auf einen Baum. Bela behauptet, dass Eichhörnchen

Glück bringen. Er sagt auch, dass drei blaue Autos hintereinander die Vorboten eines Unglücks sind und dass man sich etwas wünschen muss, solange die Sternschnuppe noch glüht, weil es sonst zu spät ist und der Wunsch nicht in Erfüllung geht. Julian hat keine Ahnung, wie man sich so schnell etwas wünschen soll. Im Park überholen sie zwei Frauen, die mit Stöcken, Kopftüchern und bodenlangen Gewändern Sport treiben.

»Guten Morgen, Frau Yesilöz.«

»Bela, bist du schon wieder zu spät?«

»Genau rechtzeitig!«

Julian schaut zurück. Der Zufall will es, dass Birke genau vor einer Birke steht. Julian kennt Frau Yesilöz. Sie wohnt unter Bela.

»Julian, warum holst du Bela nicht rechtzeitig ab? Dann müsst ihr nicht in die Schule laufen.«

»Das hilft nicht, Frau Yesilöz, Bela hat zu tun. Er kann nicht früher los.«

Nach dem Park folgen sie ein Stück dem Radweg, dann biegen sie links ab und kommen zur Überführung. Unter ihnen fährt eine S-Bahn vorbei. Bela hält Julian am Arm zurück. Sie warten, bis der letzte Wagen in der Kurve verschwunden ist, dann erst gehen sie weiter.

»Das verstehe ich nicht. Dafür gibt es doch Überführungen, damit man nicht warten muss.«

»Es ist respektlos.«

»Was ist respektlos?«, will Julian wissen.

»Ein Zug ist ein Zug. Du darfst nicht so tun, als ob es ihn nicht geben würde.«

Bela läuft weiter. Auf der anderen Seite der Überführung sehen sie schon die Schule mit der angebauten Turnhalle. Die Treppe hinunter geht Bela langsamer. Er nimmt Stufe für Stufe. Treppen sind gefährlich, das hat er Julian schon beim ersten Mal erklärt, als sie zusammen in die Schule liefen.

»Hast du schon einmal versucht, etwas herauszufinden, von dem du nicht wusstest, was es ist?«, fragt Julian seinen Freund.

Bela schaut ihn verständnislos an. Julian versucht es noch einmal.

»Was machst du, wenn du etwas herausfinden willst, du aber nicht weißt, was es ist?«

Bela denkt nach.

»Zum Beispiel den nächsten Zug meines Gegners beim Schach?«

»Ja, vielleicht. So etwas.«

»Ich versetze mich in den Gegner hinein. Ich versuche herauszufinden, was er denkt«, sagt Bela.

»Das ist alles?«

»Wenn ich herausgefunden habe, was er denkt, überlege ich mir, was er denkt, dass ich denke. Und wenn ich das auch weiß, stelle ich mir vor, was er denkt, dass ich denke, dass er denkt. Und so weiter.«

Sie kommen unten an der Treppe an. Bela fällt wieder in seinen Laufschritt. Julian wirft einen Blick über die Schulter. Was denkt Birke? Denkt er überhaupt? Und denkt er, dass Julian etwas denkt?

»So kommst du nicht weiter. Ich bin nicht dein Gegner«, sagt Birke.

»Dann hilf mir!«

»Punkt 1.3 auf dem Kompass: Wir können den Menschen nur helfen, wenn sie sich selbst helfen.«

Bela schaut Julian fragend an.

»Die Matheaufgaben hast du doch schon abgeschrieben?«

»Ja, wieso?«

»Wobei soll ich dir helfen?«

Klar, Bela hört, was Julian sagt.

»Nicht Mathe. Ich muss etwas herausfinden.«

»Was?«

»Das weiß ich eben nicht.«

»Dann kann ich dir auch nicht helfen.«

Als sie auf den Pausenplatz einbiegen, schrillt die Glocke. Sie eilen in den Flur, ziehen die Jacken aus und hängen sie an die Garderobe. Bela läuft ins Klassenzimmer. Julian bleibt vor der Tür stehen. Am Ende des Gangs kommt Frau Reiter um die Ecke.

»Wie viele Punkte hat euer Kompass?«, fragt er Birke.

»Fünf.«

»Nur so wenige? Punkt 5, dass ihr euch nicht für Sport interessiert, ist schon der letzte?«

»Neben den Hauptpunkten gibt es noch die Unterpunkte.«

»Und wie viele sind das?«

»Heute sind es zwölf.«

»Und morgen?«

»Das weiß ich nicht.«

»Wer sagt dir, wenn ein Punkt dazukommt?«

»Niemand.«

»Woher weißt du es dann?«

»Ich weiß es einfach. Wir Geister brauchen niemanden, der uns etwas sagt. Aber es passiert selten, dass ein neuer Punkt dazukommt.«

»Und wer entscheidet darüber, ob ein neuer Punkt auf den Kompass kommt?«, will Julian wissen.

Frau Reiter steht schon in der Tür zum Klassenzimmer und wartet auf Julian. Er tut so, als ob er in seinem Rucksack etwas suchen würde.

»Das wird nicht entschieden«, sagt Birke. »Wenn es einen neuen Punkt braucht, ist er da. Wenn einer überflüssig ist, fällt er weg.«

Julian versucht sich vorzustellen, was das bedeutet.

»Aber wenn für alle Geister der gleiche Kompass gilt, muss doch irgendjemand entscheiden. Oder stimmt ihr ab? Alle zusammen?«

»Du denkst wie ein Mensch. Die Welt funktioniert nicht so. Wenn der Berg einen Wald braucht, damit der Fels nicht abstürzt, gibt es einen Wald. Das entscheidet niemand. Er ist einfach da.«

Bis die Menschen ihn abholzen, denkt Julian.

»Die Blumen brauchen jemanden, der sie bestäubt, also gibt es Insekten. Die Insekten brauchen etwas zu fressen, also gibt es Blumen. Das entscheidet auch niemand. Nur die Menschen brauchen immer jemanden, der ihnen sagt, was gilt und was nicht, was sie tun sollen und was nicht. Der ganze Rest der Welt, und dazu gehören auch wir Geister, funktioniert anders. Besser.«

Julian schwirrt der Kopf.

»Was machst du denn noch? Komm endlich, Julian. Die anderen warten.«

Frau Reiter wird ungeduldig. Julian schlüpft ins Klassenzimmer, bevor sie die Tür zuzieht.

5. KAPITEL

Die Schule

G uten Morgen, Julian.«
Frau Reiter steht plötzlich neben seinem
Pult. Julian erschrickt.

»Ich habe die Matheaufgaben gemacht.«

Er zieht das Heft aus seinem Rucksack und
will es der Lehrerin geben. Warum lacht die ganze
Klasse?

»Das freut mich, dass du die Aufgaben gelöst
hast. Aber Mathematik ist erst in der nächsten
Stunde.«

Julian schaut sich verzweifelt um. Wer könnte
ihm helfen? Alle grinsen ihn an, nur Birke, der
sonst immer grinst, schaut unbeteiligt aus dem
Fenster. Dabei ist er schuld, dass Julian die Frage
verpasst hat. Julian hat über den Geist nachgedacht
und über das, was der Geist ihm vor der Stunde
zu den Menschen und der Welt erklärt hat. Viel-

leicht hat Birke recht und die Menschen sind nicht so einzigartig und klug, wie sie glauben? Natürlich können Bäume nicht rechnen, dafür können sie ganz viel anderes, was der Mensch nicht kann. Einen Berg zusammenhalten, zum Beispiel.

»Das kann man nicht so einfach beantworten, Frau Reiter«, meldet sich Bela zu Wort, wer sonst?

Julian ist erleichtert. Bela wird die Lehrerin ablenken. Es gibt keine Frage, die er einfach beantworten kann. Immer weiß er noch etwas mehr. Manchmal wird Frau Reiter richtig wütend. Diesmal begnügt sie sich mit einem tadelnden Blick, weil er sich nicht gemeldet hat.

Bela hebt den Finger und redet weiter: »Es gilt heute als erwiesen, dass schon die Wikinger mit ihren Schiffen über Island nach Nordamerika gefahren sind.«

»Danke Bela, davon erzähle ich euch nächste Woche. Heute bleiben wir bei Kolumbus. Wer weiß, aus welchem Land er kommt?«

Bela meldet sich erneut.

»Warte. Lass die anderen antworten.«

Julian weiß, wie Bela leidet, wenn er eine Antwort nicht geben darf. Und weil er eigentlich immer und auf alles eine Antwort hat, leidet er oft. In der Klasse ist er nicht besonders beliebt, kein Wunder. Julian versucht, ihm zu erklären, was die anderen stört, aber Bela versteht nicht, was er meint. Was ist an einer richtigen Antwort falsch? Er hätte Verständnis, wenn die anderen sich über ihn ärgern würden, weil er falsche Antworten gibt, aber er kann sich nicht erinnern, dass er schon einmal eine Frage falsch beantwortet hat. Julian muss ihm recht geben. Das erste halbe Jahr hat Bela nichts gesagt, weil er nicht alles verstand und die Sprache noch nicht beherrschte, aber seit er redet, sind seine Antworten richtig. Anfangs freute sich Frau Reiter, dass der stumme Schüler sich plötzlich am Unterricht beteiligte, schon bald aber rief sie ihn nur noch auf, wenn niemand sonst die Antwort wusste.

»Ja, Anna?«

»Spanien!«

Anna ist ganz besonders schlecht auf Bela zu sprechen. Bevor er kam, war sie nämlich die Klassenbeste. Und stolz darauf! Deshalb versuchen sie und ihre Freundin Betti, die eigentlich Bettina heißt, Bela zu hänseln, wann immer sie können. Zum Glück merkt Bela es nicht, wenn sie hinter seinem Rücken lachen. Julian weiß nicht, wie er das macht. Er scheint einen natürlichen Schutz dagegen zu haben. Obwohl er sonst immer alles versteht und auf jede Frage eine Antwort weiß, lässt er sich von den Mädchen nicht ärgern. Weil Anna und Betti ihn nicht mögen, ist Bela dafür bei Conny und Iris bliebt. Conny ist das wildeste Mädchen der Klasse. Sie hat immer irgendwo ein Pflaster, einen Verband oder, wie letzten Herbst, einen Gips und Krücken. Stolz erzählte sie, dass sie im Fußballtraining so hart gegen den Ball trat, dass ihr Mittelfußknochen brach. Sie und Iris sind beste Freundinnen und die schlechtesten Schülerinnen der Klasse. Bela sagt, dass Iris wirklich nicht die hellste Kerze auf dem Kuchen ist, Conny sich aber nur zu wenig anstrengt und eigentlich viel schlauer ist, als sie tut.

Julian findet Belas Urteil über Iris ein bisschen hart, aber vermutlich hat er recht. Wie immer. Jedenfalls freut sich Julian, dass er, dank seiner Freundschaft zu Bela, im Ansehen von Conny und Iris gestiegen ist. Ob die beiden Mädchen Bela wirklich mögen, ist schwer zu sagen. Sie freuen sich, dass Anna nicht mehr die Klassenbeste ist. Und Bela lässt sie die Hausaufgaben aus seinem Heft abschreiben. Das gefällt ihnen auch.

»Kolumbus ist zwar für die spanische Krone gesegelt, aber er war Italiener«, kann Bela sich nicht zurückhalten.

Anna widerspricht ihm: »Kolumbus lebte in Spanien. Also war er Spanier!«

»Er wurde vermutlich 1451 in Genua geboren. Ganz genau weiß man es nicht.«

Iris meldet sich: »Aber Italien liegt doch in Spanien.«

Einen kurzen Moment ist es still, dann prusten alle los. Auch Julian lacht erleichtert. Frau Reiter hat vergessen, was sie ihn gefragt hat. Sie hat alle Hände voll zu tun, wieder Ruhe im Klassenzimmer herzustellen. Conny erklärt Iris, dass Italien und Spanien zwei verschiedene Länder sind. Und so klingelt die Pausenglocke, bevor Amerika entdeckt ist.

Auf dem Schulhof wartet Julian auf Bela. In der großen Pause geht er immer auf die Toilette, nie davor und auch nie danach, immer nur in der großen Pause. Julian muss manchmal gar nicht, und manchmal schon nach fünf Minuten in der ersten Stunde. Er schaut über die Schulter.

»Müssen Geister auch auf die Toilette?«

Birke schaut zwei älteren Schülern zu, die miteinander kämpfen. Sie schlagen sich gegenseitig in den Oberarm und lachen.

»Ich gehe nur auf die Toilette, wenn du musst.«

»Du kommst sogar mit auf die ...«

Der Geist zeigt sein übliches Grinsen. »Warum schlagen sich die beiden?«, will er wissen.

Julian zuckt mit den Schultern. »Keine Ahnung.«

»Sie lachen, obwohl es ihnen wehtut.«

Bogdan und Anton gehen in die neunte Klasse. Außer Bela fürchten sich alle vor den beiden.

»Spüren Geister auch Schmerzen?«, fragt Julian.

»Schlag mich.«

Julian boxt durch Birke hindurch in die Luft.

»Wenn du heute Morgen mit dem Zeh gegen die Kommode gerannt wärst, hätte ich deinen Schmerz gespürt.«

»Wie soll das gehen?«

»Punkt 4 auf dem Kompass: Wir Geister sind empathisch.«

Bela kommt die Treppe hinunter. Hinter ihm schneidet Anna eine Grimasse. Betti lacht. Julian fragt seinen Freund, ob er weiß, was empathisch bedeutet.

»Was soll ich wissen?«

Julian freut sich: »Du weißt es nicht. Ich kenne ein Wort, das du nicht kennst!«

Bela denkt nach, dann fragt er: »Weißt du, was es bedeutet?«

Julian schüttelt den Kopf.

»Dann kennst du es auch nicht.«

»Doch. Empathisch. Ich kenne das Wort«, wehrt sich Julian.

»Fragen wir Frau Reiter.«

Bela hält es nicht aus, wenn er etwas nicht weiß. Er geht die Treppe wieder hoch.

»Warte!«, ruft Julian.

Bevor er zu ihm aufschließen kann, steht Bela schon vor Anna.

»Weißt du, was empathisch bedeutet?«

»Am Arsch!«, zischt sie und lässt ihn stehen. Sie läuft die Treppe hinunter, an Julian vorbei.

»Sag deinem Freund, dass er ein Mongo ist.«

Julian schluckt: »Selber Mongo!«

Er ärgert sich, dass ihm nichts Besseres einfällt. Eine Freundin seiner Mutter hat einen Sohn mit Trisomie 21. Rudolf ist fast zehn Jahre älter als Julian und eigentlich schon erwachsen. Letzten Sommer sind sie gemeinsam in die Ferien gefahren, nach Südfrankreich ans Meer. Es waren mit Abstand die lustigsten Ferien seit der Trennung seiner Eltern. Wenn ein anderes Kind am Strand blöd schaute, starrte Rudolf so lange zurück, bis es wegrannte. Wenn das Starren nicht reichte, holte er tief Luft und machte mit der Zunge Furzgeräusche. Manchmal trank er aus den Eisteeflaschen von anderen Leuten, einfach so, oder rannte quer über ihre Badetücher. Wenn ihn jemand dafür tadelte, lachte er nur und sagte: »Ich bin ein Mongo!«

Seine Mutter gab sich Mühe, ernst zu bleiben

und ihm zu erklären, dass er die Leute damit erschreckte. Rudolf wusste auch, dass Mongo ein Schimpfwort war, das man nicht sagen durfte. Er hatte es als Kind oft genug gehört. Julian und seine Mutter konnten das Lachen nicht zurückhalten. Und wenn Rudolf sah, wie Julian lachte, zeigte er mit dem Finger auf ihn, prustete los und lachte selbst am lautesten.

Oben an der Treppe, vor der großen Eingangstür zum Schulhaus, steht Frau Reiter. Bela zupft sie am Ärmel und fragt: »Heißt empathisch wirklich am Arsch?«

»Bela!«

Frau Reiter ist zuerst empört, dann erinnert sie sich, dass der Junge, der vor ihr steht, vor einem Jahr noch kein Wort Deutsch konnte.

»Empathisch heißt mitfühlend, einfühlsam, wenn jemand sich gut in andere hineinversetzen kann.«

»Also nicht am Arsch …«

Bela dreht sich um und kommt auf Julian zu.

»Warum lügt Anna mich an?«, fragt er.

»Vergiss Anna. Sie ist doof.«

»Das stimmt nicht«, protestiert Bela. »Anna ist nach mir die Zweibeste der Klasse.«

Conny und Iris kommen angerannt. Conny stolpert über eine Treppenstufe und kann sich mit den Händen gerade noch auffangen. Die Mädchen ziehen Bela quer über den Schulhof hinter die Container. Nach der Pause ist Mathe. Julian schaut auf die große Uhr über dem Eingang. Fünf Minuten noch, das wird knapp, um alle Aufgaben abzuschreiben. Bela hat seinen Rucksack mit dem Matheheft nicht dabei, aber das ist egal. Er rechnet die Aufgaben im Kopf noch einmal aus und diktiert den Mädchen die Ergebnisse. Er kann ohne Probleme so schnell rechnen, wie sie schreiben können.

Julian schaut über die Schulter.

»Du bist also einfühlsam.«

Wie immer, wenn es um den Kompass geht, macht Birke ein ernstes Gesicht.

»Wie könnte ich dir sonst helfen?«

Diese blöde Hilfe! Julian ärgert sich, weil er immer noch nicht weiß, was er von Birke will, wie der Geist ihm helfen könnte.

»Und was, wenn ich gar keine Hilfe will? Verschwindest du dann wieder?«

»Die Frage ist nicht, ob du meine Hilfe willst. Du brauchst sie, sonst wäre ich nicht hier.«

Julian setzt sich auf eine Treppenstufe. Dass der Geist behauptet, er brauche seine Hilfe, beunruhigt ihn. Es kann nur bedeuten, dass mit ihm etwas nicht stimmt. Wenn alles in Ordnung wäre, würde er keine Hilfe brauchen.

»Bin ich krank?«, fragt er.

»Wie kommst du darauf? Fühlst du dich nicht gut?«

»Doch, eigentlich schon, aber wenn ich krank bin, brauche ich Hilfe.«

Birke stößt einen tiefen Seufzer aus, und Julian läuft es kalt den Rücken hinunter. Er kann sich nicht an dieses komische Geräusch gewöhnen.

Nach der Mathestunde haben sie Werkunterricht. Julian und Bela basteln gemeinsam ein Schachbrett. Julian sägt die Holzquadrate aus und lackiert sie hell und dunkel. Bela entwirft die Schachfiguren. Es sind geometrische Gebilde, die er aus Würfeln, Quadern und Zylindern zusammensetzt. Die Bauern sind einfach nur kurze Stummel eines Rundholzes. Die Königin aber ist eine komplizierte Figur, für die Bela ein Modell aus Karton bastelt.

»Glaubst du, dass sie majestätisch genug ist?«, fragt er.

»Viel zu kompliziert«, findet Julian.

»Das ist gut! Sie ist die Königin.«

»Und der König?«

»Der bekommt ein Kreuz auf den Kopf. Könige haben immer ein Kreuz auf dem Kopf.«

»Also noch komplizierter?«

»Wie viele Felder hast du schon?«

Julian zählt die Quadrate. »Sieben.«

»Noch eines, dann hast du eine Reihe geschafft.«

In der zweiten Stunde klebt Bela die verschiedenen Holzteile für die Königin falsch zusammen. Er schmeißt sie wütend gegen die Wand. Alle im Zimmer schauen ihn erschrocken an. Bela stampft mit dem Fuß auf die Figur, bis sie kaputt ist. Frau Reiter nimmt ihn zur Seite und redet leise auf ihn ein. Bela hat Tränen in den Augen. Als er wieder an seinen Platz kommt, sitzt er mit verschränkten Armen da und schweigt. So froh und ungetrübt Bela normalerweise ist, so verzweifelt kann er sein, wenn etwas nicht funktioniert, wie er es sich vorstellt. Julian sägt mechanisch weiter, aber nach zehn Minuten hält er es nicht mehr aus.

»Was ist denn los?«, fragt er seinen Freund.

»Nichts!«

»Sag doch!«

»Sag ich doch. Nichts!«

Der Minutenzeiger auf der Uhr über der Tür scheint stillzustehen.

»Gut so?«

Julian zeigt Bela ein fertiges Quadrat. Ohne es anzuschauen, legt der es zu den anderen.

»Zwölf. So werden wir nie fertig.«

Jetzt wird Julian wütend. Bela sitzt da und tut nichts. Und ihm wirft er vor, dass er zu langsam ist. Den nächsten Strich mit der Laubsäge setzt er zu hart an. Das Sägeblatt verklemmt sich im Holz und reißt. Entnervt wirft er die Säge auf den Tisch. Jetzt sitzen sie beide mit verschränkten Armen da.

Und wie Julian seinen beleidigten Freund sieht, muss er plötzlich lachen.

»Was lachst du?«

»Nichts!«

»Sag doch!«

»Sag ich doch. Nichts!«

Julian ist klar geworden, weshalb Bela so schlecht gelaunt ist. Mara hat angekündigt, dass sie Julian von der Schule abholt. Sie gehen in das Restaurant, in dem sie arbeitet. Und sie hat Bela versprochen, dass er mitkommen darf. Bela ist aufgeregt, weil Mara gleich kommen wird. Deshalb ist er so ungeduldig.

Tatsächlich, als die Glocke endlich klingelt und sie als Erste aus dem Schulhaus laufen, ist Belas schlechte Laune wie verflogen. Mara wartet bei den Fahrradständern. Neben ihr steht Herr Princip, auf seinen Besen gestützt. Der Hausmeister hat die ehemalige Schülerin erkannt. Mara wuschelt Julian durch die Haare. Er zieht den Kopf zurück. Bela hält ihr den Kopf hin. Sie gibt ihm die Hand.

Die kleine Enttäuschung, dass sie ihm nicht

durch die Haare wuschelt, ist vergessen, als Mara beim Gehen je einen Arm um Julians und Belas Schultern legt und sie an sich zieht.

»Wie war es in der Schule?«

»Wir basteln ein Schachbrett«, sagt Julian.

»Kannst du überhaupt Schach spielen? Von mir hast du es nicht gelernt. Ich habe bis heute nicht verstanden, welche Figur wie bewegt werden darf.«

Bela horcht auf.

»Ich kann dir die Regeln zeigen, wenn du möchtest.«

»Bela ist Großmeister«, unterstützt Julian seinen Freund.

»Das lerne ich nicht mehr. Dafür bin ich zu alt.«

Bela widerspricht ihr: »Ich habe es auch erst mit fünf Jahren gelernt.«

Mara lacht: »Erst mit fünf? Weißt du, wie alt ich bin?«

6. KAPITEL

Das Restaurant

Als sie durch die Schwingtür in die Küche kommen, schlägt ihnen ein Schwall heiße, fettige Luft ins Gesicht. Auf dem Herd schießt eine Stichflamme aus einer Bratpfanne. Bela springt zurück. Mara lacht. Julian staunt. Der Koch nimmt mit einem Schöpflöffel Brühe aus einem Topf und löscht damit das Feuer. Es riecht ausgezeichnet, überhaupt nicht verbrannt.

»Roberto! Du machst den Kindern Angst.«

Roberto, der eigentlich Robert heißt und viel zu blond ist für das O, das er seinem Namen anhängt, seit er in der Osteria kocht, packt Mara um die Hüfte und drückt ihr einen Kuss auf die Wange.

»Bellezza! Da bist du endlich. Ich habe dich schon vermisst.«

Bela protestiert: »Sie heißt Mara.«

Robert bückt sich zu Bela: »Aber sie ist eine Bellezza, das musst du zugeben.«

Julian sieht, wie Bela überlegt. Er weiß nicht, was eine Bellezza ist. Weil Julian es auch nicht weiß, kann er seinem Freund nicht helfen. Osteria heißt nichts anderes als Wirtshaus, auch wenn es viel eleganter klingt. Vielleicht ist eine Bellezza auch nichts anderes als eine Frau, eine besonders elegante.

»Hör auf, Robert, das reicht«, weist ihn Mara zurecht.

Der Koch hebt die Mütze und deutet eine Verbeugung an. »Roberto! Haus- und Hofkoch der Hungrigen dieser Stadt. Und ihr gehört bestimmt dazu, das sehe ich euch an. Ihr seid schon ganz bleich vor Hunger! Setzt euch an den Tisch in der Ecke. Gleich gibt es etwas auf den Teller. Für dich auch, Bellezza.«

Ein paar Minuten später stößt Robert mit dem Fuß die Schwingtür auf und dreht sich mit drei Tellern, die er in den Händen und auf dem Arm trägt, um die eigene Achse und durch die bereits wieder zuklappenden Türflügel. Bela staunt nicht nur über die artistische Darbietung, mit der die Teller auf den Tisch kommen, sondern auch über das, was auf den Tellern ist. Und als er den Namen des Gerichtes hört, bekommt er den Mund erst recht nicht mehr zu.

»Prego Signori! Spaghetti con le cozze!«

Stolz steht Roberto neben dem Tisch und wartet auf die Reaktion seiner Gäste. Mara zieht ihn an der Schürze zu sich hinunter und gibt ihm einen Kuss auf die Wange.

»Grazie mille.«

Bela verzieht das Gesicht. Nicht wegen des Kusses, den bekommt er gar nicht mit, sondern wegen des unbekannten Geruchs nach Meer und Muscheln, der ihm aus dem Teller in die Nase steigt. Verzweifelt flüstert er Julian ins Ohr: »Warum sollen wir Kotze essen?«

Julian kann nicht anders, er prustet los, und damit ist es natürlich vorbei mit dem Geheimnis. Er braucht auch gar nicht zu flüstern. Die anderen haben sowieso mitbekommen, was Bela gefragt hat.

»Nicht Kotze, cozze, das sind Miesmuscheln.«

Mara und Roberto lachen ebenfalls. Bela kriecht die Röte den Hals hinauf bis über beide Ohren. Leise protestiert er: »Miese Muscheln. Das klingt auch nicht besser.«

»Jetzt koste erst einmal.«

Mara nimmt ihre Gabel und löst die Muscheln aus der schwarzen Schale. Genießerisch schleckt sie die Finger ab.

»Großartig!«

Julian ist nicht ganz sicher, ob er Muscheln mag. Er hat sie erst dreimal gegessen. Immer wenn er Mara in der Osteria besucht. Inzwischen beginnt er zu zweifeln, ob der berühmte Koch Roberto auch etwas anderes kann.

»Wenn du die Muscheln nicht magst, iss einfach die Spaghetti«, versucht er seinen Freund zu beruhigen. Aber Bela greift beherzt zu und macht alles genauso wie Mara. Und als er die Finger in den Mund steckt und abschleckt, verschwindet die finstere Miene von seinem Gesicht.

Bela ist so begeistert von den Muscheln, dass Julian ihm noch ein paar von seinen auf den Teller schiebt. Er mag die Spaghetti sowieso lieber. Die

Muscheln schmecken schon, aber sie sehen furchtbar aus. Und manchmal knirscht es zwischen den Zähnen. Roberto behauptet, dass winzige Krebse in den Muscheln leben. Wenn man auf ihren Panzer beißt, knirscht es. Die Krebse seien sehr gesund für die Knochen, lobt Roberto. Mara schüttelt den Kopf. Roberto erzählt gerne Geschichten. Letztes Mal hat er Julian ausführlich von seinen Abenteuern auf Stromboli berichtet. Das ist eine Insel mit einem Vulkan, der regelmäßig Rauch und Lava spuckt. Er hat den Ausbruch und die leuchtenden Lavaströme so blumig beschrieben, dass Julian alles vor sich sah. Irgendwann wurde es Mara zu bunt: »Du warst noch gar nie auf Stromboli!«

Und Roberto, als ob solche Kleinigkeiten völlig egal wären: »Aber bald fahre ich hin, Bellezza. Kommst du mit?«

Bela tunkt mit einem Stück Brot die letzten Reste der Sauce aus dem Teller. Er sieht satt und zufrieden aus.

Roberto räumt ab.

»Hat es geschmeckt?«

»Und wie!«

Bela ist aufgekratzt. Das Treffen mit Mara, das unbekannte Essen. Er redet viel mehr als sonst. Er lacht und bringt die anderen zum Lachen. Julian freut sich für ihn. Sein Freund ist oft genug still und ernst. Manchmal hat er richtige Falten auf der Stirn, weil er so finster schaut.

»Komm, ich zeig dir das Restaurant.«

Mara zieht Bela von der Eckbank. Gleich wird sie sich umziehen und mit der Arbeit beginnen müssen. Julian schaut ihnen nach.

»Du brauchst nicht eifersüchtig zu sein«, meldet sich Birke, als sie alleine sind. Julian dreht sich um. Er fühlt sich ertappt. Der Geist grinst wie immer. Diesmal aber ist es Julian, der seufzt.

»Ich bin nicht eifersüchtig.«

»Bist du doch.«

»Sie ist meine große Schwester.«

»Eben.«

»Große Schwestern sind doof.«

»Nicht immer. Und schon gar nicht für andere.«

Julian geht auf die Toilette und schließt sich in einer Kabine ein. Er muss nachdenken. Dieser

Geist geht ihm auf die Nerven. Er wird ihn erst wieder los, wenn dieser ihm geholfen hat. So viel hat Julian verstanden. Aber helfen kann ihm Birke nur, wenn er sich selbst hilft. Julian weiß beim besten Willen nicht, was er für ein Problem hat, bei dem ein Geist hilfreich sein könnte. Er ist ein zwölf Jahre alter Junge. Er ist gesund. Seine Eltern haben sich getrennt, aber das ist kein Weltuntergang. Die Kopfschmerzen seiner Mutter sind nach einem Tag vorbei. Und wie sie selbst immer sagt: Gegen die Kopfschmerzen hilft nichts, nur Dunkelheit und Ruhe. Seinem besten Freund geht es so gut wie noch nie. Er hört Belas aufgeregte Stimme bis in die Toilettenkabine. Iris könnte Hilfe brauchen, Nachhilfe in Geografie, aber dafür sind sich Geister vermutlich zu gut. Warum ist Birke ausgerechnet zu ihm gekommen? Es gibt viele Kinder, die größere Probleme haben als er, wirkliche Probleme. Kinder, die nicht lange nachdenken müssen, wenn jemand hinter ihnen steht und Hilfe anbietet. Aber vielleicht sind Geister gar nicht so toll, wie sie glauben. Und wenn ein Kind Hunger hat, kann ihm ein Geist auch kein Essen auf den Tisch zaubern. Und wenn Krieg ist und Bomben vom Himmel fallen, kann ein Geist sie auch nicht aufhalten.

Sein Vater hat immer hundert Probleme, denkt Julian. Die Hälfte davon hat mit Geld zu tun, das ihm fehlt. Die andere Hälfte machen ihm Leute, die sich nicht an Abmachungen halten. Meistens sind das irgendwelche Idioten. Es können aber auch Freunde oder Verwandte sein, die sich plötzlich nicht mehr erinnern, was eine Woche vorher noch gültig war. Äußere Umstände oder höhere Gewalt, wie sein Vater sagt, ist auch eine unerschöpfliche Quelle für Probleme. Und wenn weder das Geld noch ein Idiot und auch keine höhere Gewalt schuld ist an einem Problem, dann hat sein Vater einfach nur Pech. Das kommt leider ziemlich häufig vor. Julian tut sein Vater leid. Wenn das Wort Pechvogel auf jemanden zutrifft, dann auf ihn, und das nicht nur, weil seine Frisur an einen Kakadu erinnert. Sein Vater ist immer in Eile, hetzt von einem Termin zum nächsten. Wenn er ein Problem endlich gelöst hat, warten schon fünf neue auf ihn, und alle sind sie ganz dringend. Julians Mutter schüttelt darüber nur den Kopf.

»Er ist dein Vater, du brauchst kein Mitleid mit ihm zu haben. Und außerdem ist er der beste Vater, den du dir wünschen kannst. Er liebt dich über alles. Er tut alles für dich. Aber er hat weder Zeit noch Geld, um dich zu verwöhnen.«

»Verwöhnen? Was meinst du damit?«, will Julian wissen.

»Er kann dir keine teuren Turnschuhe kaufen, keine Playstation, kein Handy …«

»Also ist er nur der zweitbeste Vater. Der beste wäre genau gleich wie er, aber er würde mir ein Handy kaufen«, stellt Julian fest.

Obwohl er einen strengen Blick erntet und genau weiß, wie die Antwort seiner Mutter ausfallen wird, fragt er: »Wann bekomme ich endlich ein Handy? Alle anderen haben eines.«

»Bela nicht.«

»Bela braucht kein Handy. Bela ist anders.«

»Und du? Willst du etwa gleich sein, wie alle anderen?«

»Nein! Doch! Ich will endlich ein Handy. Papa sagt …«

»Papa hat dazu gar nichts zu sagen. Er hat noch

nie ein eigenes Handy gehabt, sondern immer meine alten benutzt.«

Der Hauptgrund für die Probleme von Julians Vater ist seine Leidenschaft. Er ist Musiker und spielt Klavier wie ein Halbgott. Das waren die Worte seiner Mutter, als sie Julian erzählte, wie sie sich in ihn verliebt hatte. Und es stimmt. Wenn sein Vater anfängt, Klavier zu spielen, wird es still. Alle spüren, dass etwas Außergewöhnliches passiert. Am liebsten mag Julian, wenn sein Vater sich in einer Bar an ein Klavier setzt und anfängt zu singen. Zuerst reden die Gäste einfach weiter, dann werden sie leiser und schließlich ganz still. Julian bekommt Gänsehaut, wenn sein Vater singt. Einmal hat sein Vater auch bei Roberto gesungen. Dort gibt es zwar kein Klavier, aber Musik kann sein Vater eigentlich immer und mit allem machen. Ein Topf, zwei Gläser, die Tischplatte und seine Hände genügen. Nur Geld verdient er mit der Musik viel zu selten. Und da beginnen die Probleme. Eins kommt zum anderen. Und obwohl sein Vater das Klavier nicht nur spielen, sondern auch stimmen kann, hat er immer zu wenig Geld. Wenn dann noch eine höhere Gewalt verhindert, dass er rechtzeitig ins Theater kommt, um das Klavier zu stimmen, der Inspizient einen anderen Klavierstimmer organisieren muss, der für den kurzfristigen Termin das doppelte Honorar verlangt, und sein Vater für die Differenz aufkommen muss, dann ist das meist der Anfang einer ganzen Kette von Problemen. Am Ende der Kette steht Julian nach der Schule vor der Tür seines Vaters und niemand öffnet. Das macht seine Mutter, die schon seit Wochen mit einer Freundin fürs Kino verabredet ist, fuchsteufelswild. Noch ein Problem. Niemand will freiwillig seiner Mutter begegnen, wenn sie fuchsteufelswild ist. Es ist nicht schön, wenn man als nichtsnutziger Träumer bezeichnet wird, der endlich erwachsen werden und sein Leben in den Griff kriegen soll. Und das sind nur die harmlosen Beschimpfungen, die sie benutzt, wenn Julian danebensteht. Er will nicht wissen, wie sie seinen Vater bezeichnet, wenn er nicht dabei ist.

Hundert Probleme gleichzeitig? Das ist vermutlich auch nicht, was ein Geist lösen kann. Julian wüsste gar nicht, wo anfangen. Und überhaupt, er liebt seinen Vater, wie er ist, und die vielen kleinen und großen Probleme gehören einfach zu ihm. Sein Vater ohne Probleme, das wäre nicht mehr sein Vater.

»Punkt 2 auf dem Kompass«, meldet sich Birke wieder einmal zu Wort. Julian hört den Geist gut, obwohl er mit dem Rücken an der Tür der Kabine lehnt. Er will wenigstens das Gefühl haben, alleine zu sein. Nachdenken kann er nur, wenn er unbeobachtet ist. Eine Tatsache, die seine Lehrerin nicht versteht. Immer dann, wenn Frau Reiter etwas ganz dringend von ihm wissen will, stellt sie sich neben sein Pult. Wie soll er nachdenken können, wenn sie ihn anstarrt?

»Wir Geister sind faul.«

»Das habe ich mir schon fast gedacht«, murmelt Julian.

»2.1: Aber wenn wir etwas geben, dann unser Bestes.«

»Und weiter?«, fragt Julian.

»2.2: Und wenn wir etwas nehmen, dann das Schönste.«

»Aha, ihr seid also Meisterdiebe.«

Ein besonders lauter Seufzer dringt durch die Kabinentür und geht Julian durch Mark und Bein. Schnell drückt er die Spülung, um das Geräusch zu übertönen.

Was ist denn das Beste, was dieser Geist bisher gegeben hat? Womit hat er sich ausgezeichnet? Birke kann durch geschlossene Glastüren gehen und so schnell schweben, wie die Straßenbahn fährt. Und er hat ihm den Besuch im Zoo verdorben, weil alle Tiere Angst vor ihm haben. Auf einem Tiger wird er dank Birke nicht reiten können, denkt Julian. Dann hat er plötzlich eine Idee. Er dreht sich um und schlägt mit dem Gesicht fast gegen die Toilettentür. Er reißt die Tür auf. Aber Birke steht, wie könnte es anders sein, längst wieder hinter ihm. Julian schaut zurück.

»Kennst du dich mit alten Frauen aus?«, will er wissen.

»Was ist alt?«

Richtig, Geister haben keine Vorstellung von der Zeit.

»Hast du Angst vor Hunden?«

»4.7 auf dem Kompass …«

»Tiere sind dir egal, ich weiß.«

Julian rennt die Treppe hinauf ins Restaurant. Bela trägt eine Kochmütze auf dem Kopf und schwingt eine riesige Holzkelle. Mara filmt ihn dabei. Julian schlägt Bela die Kochmütze vom Kopf und nimmt ihm die Kelle aus der Hand.

»Was soll das?«, protestiert Bela.

»Wir müssen los!«

»Wohin? Es ist noch nicht einmal fünf.«

Julian schnappt seine Jacke.

»Komm einfach!«

Mara hält Julian am Arm zurück.

»Was soll das? Wohin willst du, kleiner Mann?«

Julian hasst es, wenn sie ihn »kleiner Mann« nennt, aber dafür hat er jetzt keine Zeit. Er wirft Bela einen verschwörerischen Blick zu. Sein Freund aber hat nur Augen für Mara. Er kapiert gar nichts. Als er sich die Kochmütze wieder aufsetzt, weiß Julian, dass er heute nicht auf Bela zählen kann. Er windet sich aus dem Griff seiner Schwester und schlüpft durch die Tür.

7. KAPITEL

Der Plan

Julian hat keine Geduld, auf die Straßenbahn zu warten. Er läuft den Kanal entlang. Hinter ihm ist der Himmel schon fast schwarz, vor ihm leuchtet er noch hell, einige rosa Schleierwolken hängen über den Dächern der Stadt. Bald wird es ganz dunkel sein. Im Sommer schnappt sich Julian um diese Zeit den Ball, um nach draußen zu gehen, im Winter aber fühlt es sich an wie mitten in der Nacht. Vielleicht hat Birke recht, die Zeit ist eine komische Sache. Ein Tag hat 24 Stunden, ein Jahr 365 Tage, Julian ist zwölf Jahre alt. Im Sommer ist es um fünf noch hell, im Winter schon fast dunkel, das alles kann er sich vorstellen. Wenn es aber stimmt, was Bela behauptet, dass das Universum über dreizehn Milliarden Jahre alt ist und sich das Licht mit 300 000 Kilometern pro Sekunde fortbewegt, wird es kompliziert. Eine Milliarde, wie viel ist das? Das Licht braucht von der Sonne bis zur Erde acht Minuten. Eine Minute hat sechzig Sekunden. Bela könnte jetzt sicher ausrechnen, wie viele Kilometer die Sonne von der Erde entfernt ist. Julian wird schon ganz schwindelig, bevor er anfängt zu rechnen.

»150 Millionen Kilometer. Ungefähr.«

»Rechnen kannst du also, obwohl du keine Ahnung von der Zeit hast?«

»Natürlich kann ich rechnen«, antwortet Birke. »Ziemlich gut sogar.«

»Kannst du auch zählen?«, will Julian wissen.

»Hältst du mich für einen Idioten?«

»Zähl langsam bis sechzig. Das ist eine Minute.«

»Wenn ich bis sechzig zähle, habe ich bis sechzig gezählt. Das ist alles.«

Julian hat keine Zeit, um mit Birke zu streiten. Er läuft die Treppe hinauf und und über die Brücke. Er muss so schnell wie möglich zum Haus von Frau Materski, um seine Idee zu überprüfen. Die alte Frau hat definitiv ein Problem. Niemand versteckt sich freiwillig in seinem Haus, schon gar keine liebenswürdige alte Dame. Weil ihr Hund jeden anfällt, der sich dem Haus nähert, weiß niemand, was ihr Problem ist. Wenn aber sogar Tiger Angst vor Birke haben, wird der Hund ganz bestimmt den Schwanz einziehen und sich winselnd verkriechen. Julian wird durch den Garten gehen, an ihre Tür klopfen und sie fragen, was mit ihr los ist. Wenn Frau Materski sich dann traut, den netten Jungen, der ihr jede Woche mit den Einkäufen geholfen hat, zu beschimpfen und zum Teufel zu jagen, dann kann ihr auch kein Geist helfen.

Julian sieht die Hand vor den Augen nicht, als er durch die Hecke kriecht. Inzwischen ist es ganz dunkel geworden. Wo war der schleimige Pilz? Er zwängt sich am Haselstrauch vorbei. Er tritt an den Zaun. Im ganzen Haus brennt kein Licht. Frau Materski wird doch nicht ausgerechnet heute zum ersten Mal seit Wochen ausgegangen sein. Oder schläft sie schon? Obwohl es noch nicht sechs ist? Ob Frau Materski seinen Brief gelesen hat? Oder der Wind?

Julian schleicht an dem Zaun entlang und sucht den Hund. Er will seine Idee testen, solange ihn Maschendraht von dem wilden Tier trennt. Ein schwarzer Hund ist nachts gut getarnt. Wo steckt das Viech? Julian pfeift. Nichts. Er klopft gegen den Zaun, erst vorsichtig, dann lauter. Er rüttelt am Maschendraht. Da springt der Hund um die Ecke des Hauses und kommt kläffend auf ihn zu. Als Julian die weißen spitzen Zähne sieht, vergisst er den Zaun, er springt zurück, stolpert über eine Wurzel und fällt auf den Rücken. Er hält sich die Arme vors Gesicht. Für einen Moment glaubt er, verloren zu sein. Wenn der Hund ihn packt, wenn er in einen Rausch gerät, wenn er zubeißt und nicht mehr loslässt, wenn er ihn schüttelt und in Stücke reißt …

Nach ein paar Sekunden, die ihm ewig vorkommen, merkt er, dass der Hund nicht mehr bellt. Julian traut sich, zwischen den Fingern hindurchzuschauen. Zwei Meter vor dem Zaun hat der Hund verunsichert abgebremst. Er legt die Ohren an und zieht den Schwanz ein. Julian wird mutiger. Er steht auf. Der Hund duckt sich. Julian macht einen Schritt auf den Zaun zu. Der Hund weicht zurück. Julian stellt sich ganz an den Zaun. Der Hund lässt ihn nicht aus den Augen und winselt leise. Er sieht aus, als ob er sich am liebsten in der Erde verkriechen würde. Julian lacht.

»Du Feigling! Fürchtest du dich etwa vor einem Geist? Buuh!«

Der Hund zuckt zusammen. Julian rüttelt am Zaun. Der Hund nimmt Reißaus und flüchtet hinter das Haus. Es klappt! Der Hund hat Angst. Julian dreht den Kopf. Er möchte Birke am liebsten umarmen. Aber wie soll das gehen, wenn der immer hinter ihm steht?

»Du bist der Beste!«, ruft Julian.

»Danke, zu viel der Ehre. Es gibt noch ganz andere Geister. Wenn du wüsstest, was die schon alles gemacht haben …«

»Egal! Der Hund hat Angst. Das reicht mir für den Moment!«

Und jetzt? Teil eins des Plans funktioniert. In Teil zwei spaziert Julian durch den Garten und klingelt an der Haustür. Dafür aber muss er zuerst über den Zaun kommen. Er versucht mit dem Schuh in eine Masche des Drahtes zu steigen und rutscht ab. Aber auch wenn er hochklettern könnte, wie überwindet er den Stacheldraht, ohne dass er sich die Hände und die Kleider aufreißt?

Ein Zaun ist kein Zaun, wenn er nicht eine

Lücke hat, denkt Julian. Langsam geht er um das Grundstück herum. Immer wieder zerrt er am Maschendraht, aber der ist überall fest im Boden verankert. Die Baufirma hat ganze Arbeit geleistet. Und als Julian wieder am Ausgangspunkt ankommt, muss er erkennen, dass es doch einen Zaun ohne Lücke gibt. Wenn er sich mit dem Rücken an den Zaun lehnt, ist zwar Birke auf der anderen Seite, aber das hilft ihm auch nicht. Der Geist kann zwar durch geschlossene Türen und Zäune gehen, aber er kann sie von der anderen Seite nicht öffnen. Und das Gartentor zur Straße ist mit einer dicken Kette und einem Schloss gesichert. Julian braucht Hilfe. Alleine ist es unmöglich, den Zaun zu überwinden. Er wirft einen Blick über die Schulter.

»Du hast mir gezeigt, dass ich dich auf den Arm nehmen kann. Aber kannst du mir eine Räuberleiter machen? Kann ich auf deinen Schultern stehen?«

»Ich bin ein Geist, kein Räuber.«

»Es geht nicht darum, Frau Materski etwas zu stehlen, sondern ihr zu helfen.«

»Tut mir leid.« Birke schüttelt den Kopf.

Julian erinnert sich an das Gefühl, als er dem Geist die Hand gab. Nein, Birke wird ihm keine Hilfe sein. Er braucht eine Leiter. Die Leiter aber, die bei ihnen im Haus im Keller steht, ist viel zu schwer. Alleine kann er sie nicht tragen. Also braucht er einen Freund, denkt Julian, denn der faule Geist wird ihm auch beim Tragen keine Hilfe sein. Vielleicht braucht er, wenn er einen Freund hat, der ihm hilft, auch gar keine Leiter. Es reicht ein Freund, der ihm die Räuberleiter macht. Ein Freund, auf dessen Schultern er stehen kann.

Julian zwängt sich durch die Hecke und läuft die Straße hinunter. Vor seinem Haus bleibt er kurz stehen. Das Licht in der Küche ist an. Seine Mutter bereitet das Abendessen vor und erwartet, dass Mara ihn bald nach Hause bringt. Wenige Minuten später steht er im Hof vor Belas Wohnblock. Er klingelt bei Badora. Es knackt in der Gegensprechanlage und der Türöffner summt. Julian drückt die Tür auf und läuft die Treppe hoch. Als er oben ankommt, steht Belas Vater schon in der Tür.

»Es ist 18.07 Uhr. Willkommen beim Klassiktelefon«, begrüßt ihn Herr Badora.

»Ist Bela da?«

Herr Badoras Stirn legt sich in strenge Falten.

»Ich dachte, er ist mit dir unterwegs.«

»Ist er auch.«

Herr Badora zögert kurz. Hat er Julian richtig verstanden? Dann fragt er: »Wenn du hier bist und Bela mit dir unterwegs ist, wo ist er dann?«

Jetzt weiß Julian nicht weiter. Er braucht eine gute Erklärung.

»Wir … wir haben uns … die Straßenbahn! An der Haltestelle haben wir uns aus den Augen verloren. Ich dachte, er ist eingestiegen.«

»Bist du den ganzen Weg gerannt?«

»Er nimmt bestimmt die nächste.«

Julian wendet sich ab und läuft die Treppe wieder hinunter.

»Warte, Julian, wo ist Bela?«

»Er kommt gleich!«

Julian nimmt auch auf dem Weg nach unten zwei Stufen auf einmal. Wie leicht er einen Fehltritt machen könnte. Und was das für Folgen hätte, überlegt er. In vollem Tempo eine Treppe hinunterstürzen? Auf den Steinboden? Gut, dass seine

Füße so zuverlässig funktionieren. Was macht Bela so lange? Weshalb ist er noch nicht zu Hause?

Als Julian die letzte Kurve nimmt, stolpert er fast über die untersten Stufen. Bela steht vor der Eingangstür. Aber er ist nicht alleine. Mara begleitet ihn. Der Öffner summt. Mara drückt die Tür auf. Julian versteckt sich hinter den Briefkästen und hört, wie Bela protestiert: »Wir haben noch Zeit. Ich muss erst um halb sieben zu Hause sein.«

»Geh jetzt hinauf«, lacht Mara. »Ich muss Julian finden und rechtzeitig nach Hause bringen, sonst macht sich unsere Mutter Sorgen.«

»Julian findet den Weg alleine.«

Warum versteckt sich Julian vor seinem besten Freund und seiner Schwester? Das ist doch komisch. Er macht einen Schritt hinter den Briefkästen hervor, zieht sich aber gleich wieder zurück. Bela hängt an Maras Arm. Und wie er sie anschaut!

»Los! Ich habe Robert versprochen, dass ich in einer halben Stunde zurück bin. Er wird schnell nervös, wenn ihm niemand die Töpfe sauber macht und die Beilagen richtet.«

Warum will Bela sie nicht gehen lassen? Julian

schaut hinter der Ecke hervor und sieht, wie Mara seinem Freund einen Kuss auf die Wange gibt. Dann dreht sie sich um und geht davon. Bela schaut ihr nach. Die Tür fällt langsam ins Schloss. Bela kommt nicht herein, er starrt weiter in die Richtung, in der Mara in der Dunkelheit verschwindet. Julian hat genug gesehen. Er reißt die Tür auf. Bela reagiert nicht.

»Bela?«

Erschrocken dreht sich sein Freund um.

»Julian? Was machst du denn hier?«

»Ich suche dich.«

»Wieso suchst du mich?«

»Bist du verknallt?«

»Was?«

»Du bist verliebt in meine Schwester!«

Julian lacht. Bela wird rot.

»Spinnst du?«

»Ich brauche deine Hilfe.«

»Du nimmst das sofort zurück!«

Julian hat keine Zeit, um über die Liebe zu streiten. Es ist offensichtlich, aber um seinen Freund zu beruhigen, lenkt er ein: »Gut. Kein Problem.

Du bist nicht verliebt. Oder nur ein bisschen. Das ist nicht schlimm.«

»Auch kein bisschen! Selbst verliebt!«

»Ich?«, lacht Julian.

»Und wie, in Conny!«

Jetzt wird Julian rot.

»Bist du verrückt? Conny? So ein Scheiß!«

Bela grinst zufrieden.

»Du müsstest dich sehen, wie du sie anschaust.«

»Wie schaue ich sie denn an?«, fragt Julian.

»So eben.«

»Wie so?«

»Verliebt.«

Die Gegensprechanlage knackt. Herr Badora will wissen, ob Bela geklingelt hat und wo er bleibt. Das Essen steht auf dem Tisch. Julian muss sich beeilen.

»Hör zu. Wir treffen uns heute Nacht. Ich habe einen Plan.«

»Ich darf nach dem Essen nicht mehr nach draußen.«

»Du schleichst hinaus, wenn alle schlafen.«

Bela versteht nicht, was Julian von ihm will.

»Du bist mein Freund. Ich brauche deine Hilfe.«

»Erlaubt dir deine Mutter, dass du nachts rausgehst?«

»Natürlich nicht!«

»Warum brauchst du meine Hilfe?«

»Weil ich es alleine nicht über den Zaun schaffe.«

»Was für ein Zaun?«

»Der Zaun bei Frau Materski. Mit dem Stacheldraht. Wir treffen uns um Mitternacht bei den Containern. Dann erkläre ich dir alles.«

»Um Mitternacht? Dann schlafe ich.«

»Du musst wach bleiben.«

Bela zögert. Julian packt ihn an den Schultern und schaut ihm lange und tief in die Augen.

»Bitte. Das ist ganz wichtig. Ohne dich schaffe ich das nicht. Du musst mir helfen. Du musst mir versprechen, dass du kommst«, redet Julian seinem Freund ins Gewissen. »Du musst wach bleiben. Lös ein Schachrätsel. Oder denk an Mara. Aber nicht träumen! Du darfst nicht einschlafen!«

8. KAPITEL

Geisterstunde

Dass es in der Stadt so dunkel sein kann! Julian schleicht an der Hausmauer entlang. Über ihm schwanken die Straßenlaternen im Wind. Wenn er es sich recht überlegt, kann es jetzt eigentlich nicht dunkler sein als um halb sieben, als er nach Hause ging. Aber die leere nächtliche Straße wirkt viel finsterer. Er schaut auf die Uhr. Es ist fünf vor zwölf.

Wenn er schnell geht, braucht er sieben Minuten bis zu Belas Wohnblock. Ist er wirklich erst zwei Minuten unterwegs? In der Nacht ist es nicht nur finsterer, die Zeit vergeht auch langsamer. Soll er laufen? Aber dann ist er zu früh und muss bei den Containern warten. Wer weiß, wer sich nachts im Innenhof zwischen den Wohnblocks herumtreibt. Außerdem fällt er auf, wenn er durch die Straßen rennt. Und vor einem Polizisten, der ihn aufhalten könnte, hat er fast so viel Angst wie vor all den anderen komischen Gestalten, die nachts unterwegs sind.

Wenigstens ist die Müdigkeit wie weggeblasen. Beim Warten im Bett wusste Julian nicht, wie er sich wach halten sollte. Nach einer großen Portion Birne Helene zur Nachspeise schickte ihn seine Mutter um halb zehn in sein Zimmer. Fünf Minuten später schaute sie noch einmal vorbei und machte das Licht aus. Julian versuchte, so selten wie möglich zu blinzeln, aus Angst, einzuschlafen, sobald er die Augen zumachte.

»Erzähl mir eine Geschichte«, forderte er Birke auf.

»Ich kenne keine Geschichten«, klang es dumpf aus der Matratze. Julian lag auf dem Rücken.

»Das kann nicht sein. Wo kommst du her?«

»Ich komme nirgends her. Ich bin immer schon da.«

»Das stimmt nicht. Du bist erst seit gestern hier.«

»Seit gestern kannst du mich sehen.«

»Und davor? Warst du auch schon hier?«

Statt einer Antwort von Birke hörte Julian plötzlich seine Mutter.

»Mit wem redest du?«, fragte sie durch die Tür.

»Mit niemandem«, antwortete Julian erschrocken.

»Führst du Selbstgespräche? Schlaf jetzt. Es ist schon spät.«

Julian traute sich nicht mehr, mit Birke zu reden. Er kniff sich in den Arm und starrte mit weit offenen Augen in die Dunkelheit. Er wartete, bis der helle Spalt unter seiner Zimmertür endlich erlosch. Erst als seine Mutter auch im Bett war, schaltete er die Nachttischlampe wieder ein. Er nahm das spannendste Buch aus dem Regal. Die Geschichte eines Jungen, der als Friedenspfand an den Hof eines Fürsten verbannt wird, der mit seinem Vater verfeindet ist. Julian hat es schon dreimal von vorne bis hinten durchgelesen. Nach wenigen Seiten fielen ihm die Augen zu. Als er mit dem Gesicht auf dem Buch wieder erwachte, fuhr er erschrocken hoch. Ein kleiner Speichelfleck blieb auf der Seite 24 zurück. Als er auf die Uhr schaute, war er erleichtert, dass er nur ein paar Minuten geschlafen hatte. Das bedeutete aber auch, dass es immer noch viel zu lange dauerte, bis es endlich Mitternacht war. Der Doppelpunkt zwischen den digitalen Zahlen der Uhr blinkte langsamer als sonst, anders konnte sich Julian nicht erklären, dass es jedes Mal ewig dauerte, bis die nächste Minute anbrach.

Um halb zwölf kroch er aus dem Bett und zog sich an. Schwarze Hose, schwarzer Kapuzenpullover. Mit den Kleidern legte er sich zurück ins Bett, falls seine Mutter etwas gehört hatte und nachschauen kam. Angezogen war ihm unter der Decke viel zu heiß. Er schwitzte und sein Puls schlug fast doppelt so schnell wie der Doppelpunkt der Uhr.

Als es endlich zehn vor zwölf war, stopfte er seine Plüschtiere und ein paar Kleider unter die Decke, damit es auf den ersten Blick aussah, als ob er im Bett liegen würde, dann nahm er seinen Rucksack und schlich ganz langsam und so leise wie möglich aus der Wohnung.

In der Nacht war die Dunkelheit schwärzer, die Uhr lief langsamer und jedes Geräusch war viel lauter als tagsüber. Wenn Julian das gewusst hätte, hätte er die Klettverschlüsse seiner Schuhe schon vorher geöffnet. Er hätte nie geglaubt, dass ein Klettverschluss so laut sein kann. Er hielt den Atem an. Und erst als er die Tür hinter sich zugezogen hatte – auch das Klicken des Schlosses kam ihm ohrenbetäubend vor –, traute er sich wieder, normal zu atmen.

Julian schlägt die Kapuze seines Pullovers über den Kopf. Im Rucksack befinden sich ein Seil, eine Taschenlampe und eine Tafel Schokolade. Wozu er das Seil eingepackt hat, weiß er selbst nicht, aber er hat Bela versprochen, alles mitzubringen, was sie brauchen.

Als er um die Ecke biegt, sieht er zwei Männer, die vor ihm auf dem Gehsteig stehen. Was machen sie da? Soll er die Straßenseite wechseln? Erst als er näher kommt, sieht er die Hundeleinen. Zwei winzige Hunde beschnüffeln sich. Die Männer mustern einander aus den Augenwinkeln. Sie wissen nicht, ob sie miteinander reden sollen, und wenn ja, über was. Julian geht an ihnen vorbei, die Zwergpinscher ziehen den Schwanz ein und verstecken sich hinter den Beinen ihrer Halter. Julian ballt die Fäuste in den Hosentaschen. Er hat die erste Mutprobe bestanden und die Straßenseite nicht gewechselt.

»Passt du auf?«, fragt Julian leise.

»Worauf soll ich aufpassen?«

»Auf mich natürlich.«

»Bist du denn in Gefahr?«, fragt Birke.

»Ein zwölfjähriger Junge mitten in der Nacht auf der Straße?«

»Wenn du möchtest, passe ich auf.«

»Passiert um Mitternacht irgendetwas Besonderes mit dir?«

»Was soll mit mir passieren?«

»Ich habe gedacht ... wegen der Geisterstunde.«

»Du weißt doch, dass ich mit der Zeit nichts anfangen kann.«

»Es müsste also Gespensterstunde heißen«, kombiniert Julian.

»Stunden, Minuten, Sekunden, das interessiert mich alles nicht.«

»Tag und Nacht sind dir auch egal?«

Birke zögert einen Moment, bevor er antwortet: »Tag ist, wenn die Sonne scheint, richtig? Und Nacht, wenn sie untergegangen ist.«

Julian nickt.

»Wenn die Sonne hier untergeht, geht sie woanders auf. Die Sonne geht ständig auf und unter. Es ist also immer Tag und immer Nacht. Und darauf baut ihr Menschen euer Konzept der Zeit auf, das ist doch absurd.«

»Wieso?«, fragt Julian. »Die Erde dreht sich um die Sonne. Das ist ein Jahr. Es gibt vier Jahreszeiten. Im Frühling wächst alles. Im Sommer ist es heiß. Im Herbst verlieren die Bäume die Blätter. Und im Winter schneit es. Manchmal. Eher selten leider. Das macht doch Sinn.«

»Mit den Jahreszeiten ist es das Gleiche wie mit der Sonne. Wenn es hier Winter ist, ist es woanders Sommer. Es ist immer Sommer und immer Winter. Zeit macht einfach keinen Sinn. Zeit ist ein idiotisches Konzept. Ich verstehe nicht, wieso ihr Menschen so daran hängt. Ihr feiert jedes Jahr Geburtstag, aber alt werden findet ihr ganz schlimm. Ihr schimpft, wenn der Zug Verspätung hat, aber wenn ihr zu früh ankommt, wisst ihr nicht, was ihr mit der Zeit anfangen sollt. Stell dir eine Welt ohne Zeit vor. Herrlich!«

Julian weiß nicht, was er darauf sagen könnte. Er schaut auf die Uhr. Es ist zwei Minuten vor zwölf. Gleich ist er da. Er ist eine Minute schneller gegangen als sonst. Er setzt sich auf die Schaukel gegenüber von den Containern. Wenn Bela nur nicht eingeschlafen ist.

Die Nacht ist still. Nur selten hört Julian ein Auto vorbeifahren. Dann fängt die Glocke der Kirche an zu schlagen. Eins, zwei, drei, er zählt mit, sieben, acht, neun, zehn, elf ... Da legt sich ihm von hinten eine Hand auf die Schulter. Julian springt von der Schaukel und schreit vor Schreck. Bela schreit auch. Dann verstummen sie beide, starren sich an und brechen in schallendes Gelächter aus. Erleichtert fallen sie einander in die Arme.

»Bela, du bist es.«

»Wer denn sonst?«

»Ja, wer sonst.«

Julian boxt seinen Freund.

»Au!«

Bela schlägt zurück.

»Hey!«

Dann lachen sie wieder.

»Warum schleichst du dich von hinten an?«

»Ich habe mich nicht angeschlichen.«

»Was ist das?«

Julian zeigt auf die Rolle, die Bela unter dem Arm trägt.

»Der alte Gebetsteppich von meinem Vater.«

»Wofür brauchen wir einen Teppich? Können wir damit fliegen?«

»Fast«, lacht Bela. Er klopft Julian auf die Schulter. »Du wirst schon sehen. Was machen wir bei Frau Materski?«

»Sie braucht unsere Hilfe.«

»Hat sie nicht diesen riesigen Hund im Garten, der jeden anfällt, der sich dem Haus nähert?«, fragt Bela besorgt.

»Vor dem Hund brauchst du keine Angst zu haben.«

»Ich habe keine Angst vor Hunden.«

Je öfter Bela die Behauptung wiederholt, desto klarer wird Julian, wie sehr sein Freund sich vor

Hunden fürchtet. Im Park ist ihm aufgefallen, dass Bela zusammenzuckt, auch wenn nur ein ganz kleiner Hund bellt. Kommt ein Hund ohne Leine in seine Nähe, bleibt er wie versteinert stehen, presst die Augen zu und summt eine Melodie. Er bewegt sich erst wieder, wenn der Hund weg ist.

Kaum sind sie an den Containern vorbei, stellt Bela die Fragen, vor denen Julian sich fürchtet, weil er sie nicht beantworten kann. Weshalb treffen sie sich mitten in der Nacht, um über den Zaun in Frau Materskis Garten zu klettern? Und überhaupt, was ist mit Julian los, weshalb ist er seit gestern so komisch?

Julian überlegt, ob er ehrlich sein soll, ob er ehrlich sein muss. Immerhin ist Bela sein bester Freund. Kann er Bela von Birke erzählen? Oder lacht sein Freund ihn aus?

»Glaubst du an Geister?«, fragt Julian. Das ist zwar keine Antwort auf Belas Fragen, aber vielleicht ein guter Anfang für ein Gespräch.

Bela bleibt stehen und mustert Julian.

»Fragst du mich, ob ich an kleine weiße Gestalten glaube, die ein Bettlaken über dem Kopf tragen, in das zwei Löcher für die Augen geschnitten sind?«

Julian und Birke seufzen gleichzeitig.

»Nein.«

»Gut.«

Bela geht weiter.

»Ich frage dich, ob du an Geister glaubst, die plötzlich da sind. Geister, die durch Türen gehen können. Geister, die einem helfen, wenn man sich selbst hilft. Geister, vor denen Tiere sich fürchten.«

Bela bleibt noch einmal stehen, Julian aber geht einfach weiter. Wenn Bela ihm nachschaut und seinen Rücken sieht, kann Birke sich zeigen, wenn er will. Falls er das überhaupt kann, denkt Julian. Nach einigen Schritten schaut er zurück. Birke ist da, wo er immer ist. Und durch ihn hindurch sieht er Bela, der den Kopf schüttelt. Natürlich hat Birke sich nicht gezeigt.

»Nein, ich glaube auch nicht an solche Geister.«

»Das kann ich verstehen«, sagt Julian. »Bis gestern habe ich auch nicht daran geglaubt.«

»Und heute glaubst du an unsichtbare Wesen, die durch Türen gehen können?«

Julian weiß, dass es vergebliche Liebesmühe ist, Bela von der Existenz eines Geists überzeugen zu wollen.

»Du brauchst mir nur zu helfen, über den Zaun zu klettern. Das ist alles.«

»Und wenn dich der Hund zerfleischt? Wie erkläre ich das deiner Mutter?«

»Das ist mein Problem.«

»Nein, du hast dann kein Problem mehr. Mir aber wird deine Mutter vorwerfen, dass ich dich dem Hund zum Fraß vorgeworfen habe.«

»Er wird mich nicht zerfleischen. Komm jetzt.«

Zu zweit ist es viel leichter, durch die nächtliche Stadt zu gehen. Julian und Bela nehmen sogar die Abkürzung durch den Park. Geister können Menschen nicht ersetzen, denkt Julian. Allein mit Birke hätte er sich mitten in der Nacht nicht in den Park getraut.

»Gut. Ich helfe dir also über den Zaun«, fängt Bela noch einmal an. »Der Hund zerfleischt dich nicht. Aber was passiert dann?«

»Das weiß ich auch nicht. Das werden wir sehen, wenn es so weit ist.«

9. KAPITEL

Der Zaun

Hier, fass mit an.«

Bela rollt den Teppich aus. Vor ihnen der Zaun. Hinter ihnen das Gebüsch.

»Was hast du damit vor?«

»Auf drei.«

Bela schwingt den Teppich vor und zurück und beginnt zu zählen.

»Eins, zwei, drei!«

Julian lässt los und Bela schwingt den Teppich über den Zaun, sodass er auf dem Stacheldraht zu liegen kommt.

»Woher weißt du, wie man über einen Zaun mit Stacheldraht klettert?«, fragt Julian.

Bela zögert kurz, dann sagt er: »Auf unserer großen Reise habe ich viel gelernt.«

»Eine große Reise? Wann habt ihr eine große Reise gemacht?«, will Julian wissen.

»Als wir hierhergekommen sind.«

»Ihr seid nicht mit dem Flugzeug gekommen?«

»Nein, wir waren zu Fuß unterwegs. Mit Zügen und Schiffen. Zuletzt mit einem Bus. Aber nur von der Grenze bis in die Stadt.«

»Und unterwegs musstet ihr über Stacheldraht klettern?«

Bela antwortet nicht. Er zupft den Teppich zurecht.

»Hast du deshalb Angst vor Hunden?«

Julian erwartet keine Antwort. Wenn Bela nicht reden will, schweigt er. Da hilft nichts. Julian mustert den Teppich. Der Stacheldraht ist abgedeckt, der Zaun aber steht immer noch da. Und er ist immer noch gleich hoch.

»Glaubst du, dass du mich auf deinen Schultern tragen kannst?«, fragt Julian.

»Wir können es versuchen.«

»Wenn ich drüben bin und du siehst, dass der Hund Angst hat, egal ob vor mir oder vor einem Geist, kommst du dann auch?«

»Wie soll das gehen? Ich kann nicht auf meinen eigenen Schultern stehen.«

Julian denkt nach, dann öffnet er den Rucksack und zieht das Seil hervor. Deshalb hat er es mitgenommen.

»Ich binde das Seil fest und werfe es über den Zaun, dann kannst du daran hochklettern.«

»Wenn der Hund dich nicht schon in Stücke gerissen hat.«

Bela geht in die Knie. Julian klettert auf seine Schultern. Er hält sich am Zaun fest. Langsam richtet sich Bela auf. Julian legt sich mit dem Bauch auf den Teppich. Es funktioniert. Der Stacheldraht sticht nicht. Aber wie kommt er mit den Beinen über den Zaun? Bela gibt ihm von unten Anweisungen und versucht ihm zu helfen. Kopf voran ist keine gute Idee. Julian schwingt das rechte Bein über den Zaun. Und jetzt? Er zieht das linke nach und versucht sich mit den Armen am Teppich festzuhalten. Vergeblich, er rutscht ab und fällt auf der anderen Seite zu Boden wie ein reifer Apfel.

»Nicht sehr elegant, aber geschafft.«

»Hast du dir wehgetan?«

Julian richtet sich auf und schaut seine Handflächen an. Ein Kiesel hat sich hineingebohrt, aber es blutet nicht. Er klopft die Hose ab.

»Alles okay.«

Was ist mit Bela los? Wieso ist er plötzlich zu einer Salzsäule erstarrt? Dann erst hört Julian das Gekläff des Köters. Er zwingt sich, dem Hund den Rücken zuzukehren, damit Birke ihn vertreibt. Er hört ihn näher kommen und er sieht das Entsetzen in Belas Blick, aber er dreht sich nicht um. Erst als er glaubt, den stinkenden Atem des Hundes zu riechen, reißt er die Arme hoch und hält sie schützend vors Gesicht. Es kann ihm nichts passieren, Birke ist da. Warum aber kommt das Kläffen immer noch näher? Birke hat doch nicht etwa selbst Angst bekommen und ist abgehauen? Bevor Julian sich vorstellen kann, was mit ihm passieren würde, wenn der Geist ausgerechnet jetzt Reißaus genommen hätte, geht das Kläffen in ein Winseln über. Er sieht, wie aus dem Entsetzen auf Belas Gesicht ein Staunen wird. Es funktioniert. Julian dreht sich so entspannt wie möglich um und schaut zufrieden auf den Hund hinunter, der vor ihm im Staub kriecht.

»Buuh!«

Julian macht einen Schritt auf den Hund zu. Dieser zieht den Schwanz ein und läuft davon. Julian dreht sich zu Bela um und grinst.

»Habe ich zu viel versprochen?«

»Pass auf!«

Bela zeigt mit dem Finger auf das Haus.

In diesem Moment geht das Licht auf dem Küchenbalkon an und ein Mann tritt durch die Tür. Der Schein der Lampe erreicht Julians Füße. Er macht einen Schritt zurück zum Zaun und hofft, dass die Dunkelheit ihn verschluckt, bevor der Mann den Kopf dreht.

»Zum Teufel, Ringo, was ist denn los?«, ruft der Mann.

Er sucht den Garten nach dem Hund ab, dann lacht er: »Hat dich eine Maus erschreckt?«

Und so schnell, wie er nach draußen kam, verschwindet der Mann wieder im Haus.

»Das war nicht Frau Materski«, flüstert Bela.

»Keine Ahnung, wer das war.«

»Hilft dein Geist auch gegen Menschen?«

»Glaubst du mir jetzt?«

Julian bindet das Seil am Zaunpfahl fest und wirft es Bela zu.

»Ich warte lieber hier.«

»Komm schon. Sei kein Feigling. Ich ziehe dich hoch.«

Julian hat nicht weniger Angst als Bela. Mit einem erwachsenen fremden Mann hat er bei Frau Materski nicht gerechnet. Wie Bela richtig erkannt hat, ist Birke keine Hilfe, wenn es darum geht, sich gegen Menschen zu wehren. Wie auch? Sie sehen den Geist nicht. Und offensichtlich spüren Menschen weniger als Tiere.

»Schnell.«

Julian will verhindern, dass Bela zu lange nachdenkt. Wenn er sich alle Gefahren, die auf ihn zukommen könnten, vorstellt, werden ihn keine zehn Pferde mehr dazu bewegen, über diesen Zaun zu klettern. Und schon gar nicht sein bester Freund.

»Nimm das Seil.«

Bela zögert.

»Mach schon!«

Der Befehlston wirkt. Bela packt das Seil und klettert am Zaun hoch. Julian zieht mit aller Kraft.

Und bald liegt Bela mit dem Bauch auf dem Teppich. Weil er die Beine nicht über den Zaun kriegt, weiß er nicht weiter. Und weil er nicht weiter weiß, lässt er sich einfach fallen. Julian fängt ihn auf, so gut es geht, damit sein Freund nicht mit dem Gesicht im Dreck landet. Bela aber ist zu schwer und sie fallen übereinander. Als Julian auf dem Rücken liegt, Bela auf ihm, und sie einander vergewissert haben, dass sie nichts gebrochen haben, lachen sie leise. Julian überlegt sich, wo Birke jetzt ist. In der Erde? Ein Erdgeist? Bela steht auf, klopft die Hose ab und entschuldigt sich. Julian schüttelt den Kopf. Kein Problem.

»Geschafft.«

»Und jetzt?«

»Wir schleichen uns an. Wir müssen herausfinden, wer dieser Mann ist.«

Geduckt gehen sie hintereinander her. Sie nähern sich dem Haus im Schatten der Rückseite. An der Hausmauer drücken sie sich unter das Fenster. Julian will um die Ecke schauen. Bela hält ihn zurück.

»Was ist?«

»Können wir nicht deiner Schwester Bescheid geben?«

»Mara? Wie kommst du darauf?«

»Wenn Mara dabei ist, fühle ich mich wohler.«

»Meine Schwester kann uns genau gar nicht helfen.«

Bela richtet sich auf und will protestieren, da geht im Fenster über ihren Köpfen das Licht an. Julian zieht Bela zu sich hinunter. Sie hören schwere Schritte, dann füllt ein Schatten hinter dem Vorhang das Fenster aus. Sie hören eine Stimme.

»Du stehst jetzt auf. Ich habe gekocht.«

Die Antwort ist zu leise, um sie zu verstehen, aber Julian glaubt, Frau Materskis Stimme zu erkennen.

»Du musst essen!«

Der Mann klingt wütend. Der Schatten verschwindet, die schweren Schritte entfernen sich wieder, dann knallt eine Tür zu. Das Licht im Zimmer bleibt an. Julian richtet sich vorsichtig auf. Er späht durch einen Spalt zwischen Vorhang und Fenster, kann aber nichts erkennen. Soll er gegen die Scheibe klopfen?

»Nein, nicht klopfen!«

Kann Bela seine Gedanken lesen?

»Warum nicht?«

»Was, wenn der Mann noch da ist?«

Julian klopft gegen die Scheibe. Erst vorsichtig, dann, weil nichts passiert, lauter. Bela zieht den Kopf ein. Julians Herz klopft fast so laut wie seine Knöchel auf der Glasscheibe. Er holt aus, um ein drittes Mal zu klopfen, als der Vorhang von einer zittrigen, fast schon durchsichtigen Hand zur Seite geschoben wird.

Frau Materskis Gesicht erscheint hinter dem Fenster. Sie ist so klein, dass sie sich Auge in Auge gegenüberstehen. Julian hat den Eindruck, dass Frau Materski seit ihrer letzten Begegnung noch kleiner geworden ist. Ihr schmales Gesicht ist eingefallen. Die Wangenknochen stehen hervor. Zwischen ihnen ist nur die Fensterscheibe. Beide erschrecken. Frau Materski öffnet das Fenster. Julian macht sich bereit für eine Schimpftirade. Er ist entschlossen, sich nicht vertreiben zu lassen. Er wird von ihr eine Erklärung für ihr Verhalten verlangen.

»Julian, was machst du in meinem Garten?«, fragt sie. »Warum bist du nicht in der Schule?«

Julian ist erstaunt und erleichtert über Frau Materskis freundlichen Ton. Er muss lachen.

»In der Nacht ist doch keine Schule, Frau Materski.«

»In der Nacht nicht, aber am Dienstag. Heute ist doch Dienstag?«

»Gestern war Ihr Geburtstag, herzlichen Glückwunsch. Und unser Geburtstag war dieses Jahr an einem Mittwoch, also ist heute Donnerstag.«

Bela merkt, dass keine Gefahr im Verzug ist, und steht ebenfalls auf. Er hält sich aber hinter Julian. Frau Materski legt die Stirn in Falten.

»Und wer bist du? Gehst du auch nicht zur Schule?«

»Mitternacht ist schon vorbei, also ist Freitag«, sagt Bela.

»Das ist mein Freund Bela. Er weiß immer alles besser.«

»Und deshalb glaubst du, dass du nicht zur Schule gehen musst?«

»Machen Sie sich keine Sorgen, Frau Materski, wir gehen zur Schule, beide, wie es sich gehört«, versucht Julian die alte Frau zu beruhigen. Sie wird immer die verantwortungsvolle Lehrerin bleiben, die sie einmal war.

»Was macht ihr vor meinem Fenster, wenn ihr zur Schule geht? Mein Garten ist nicht der Pausenhof.«

»Wir wollten fragen, wie es Ihnen geht.«

»Wie soll es mir schon gehen. Alt bin ich. Davon habt ihr keine Ahnung, aber lustig ist das nicht.«

»Wer ist der Mann in Ihrem Haus?«

»Was für ein Mann? Da ist kein Mann.«

»Wir haben ihn doch gehört.«

»Und gesehen«, ergänzt Bela.

»Das kann nicht sein.«

»Er hat gekocht«, sagt Julian. »Warum kocht er mitten in der Nacht?«

»Gerade eben war er in Ihrem Zimmer«, pflichtet Bela ihm bei.

»Ihr müsst euch getäuscht haben.«

Julian und Bela schauen sich an und schütteln

gleichzeitig den Kopf. Sie haben seine Stimme gehört. Beide haben sie ihn gesehen, als er auf den Küchenbalkon trat. Sie können sich nicht getäuscht haben. In diesem Moment hören sie die Schritte wieder. Und kurz darauf auch die Stimme.

»Mit wem redest du?«

Julian und Bela ducken sich weg und drücken sich unter dem Fenster an die Hauswand.

»Ich rede nicht. Mit niemandem.«

»Recht so«, lacht der Mann, dann tritt er ans Fenster. Julian und Bela sehen von unten in seine großen Nasenlöcher, die voller Haare sind. Sie trauen sich nicht zu atmen. Wenn er nur nicht den Blick senkt. Wenn er nur ihre Angst nicht riechen kann.

»Warum hast du das Fenster geöffnet? Es ist saukalt!«

Der Mann knallt das Fenster zu, dass die Scheiben klirren.

»Gehst du heute noch aus?«, fragt Frau Materski. Ihre Stimme ist gut zu hören. Sie redet lauter als vorher, damit Julian und Bela sie verstehen. Sie hat sie nicht verraten. Auch wenn sie alt und vergesslich ist, nicht mehr weiß, wann Schule und wann Dienstag ist – dass das Fenster offen ist, weil zwei Kinder in ihrem Garten stehen, weiß sie sicher noch.

»Klar gehe ich aus, was soll ich denn hier? Mit dir Schach spielen?«

Das Lachen des Manns steigert sich zu einem Wiehern. Julian muss Bela zurückhalten, damit er nicht empört aufspringt.

»Schach ist nicht lustig!«, protestiert er leise.

Bela und Schach, das ist fast wie Birke und der Kompass, denkt Julian, nur ja keine Witze machen.

»Komm jetzt, die Ravioli sind fertig«, befiehlt der Mann.

»Ravioli, Ravioli, immer Ravioli. Kannst du nichts anderes kochen?«, protestiert Frau Materski.

»Kalt sind sie nicht besser.«

»Lass mich los. Ich esse keine Ravioli.«

»Wenn du nicht freiwillig kommst, trage ich dich.«

»Loslassen, habe ich gesagt.«

»Au! Hörst du auf damit.«

»Ich will nicht.«

Die Stimmen werden leiser, dann geht das Licht aus und die Tür zu.

»Und jetzt?«

Bela schaut Julian fragend an.

»Wir warten.«

»Worauf?«

»Du hast doch gehört, der Mann geht aus.«

»Es ist saukalt. Und …«

Julian schaut Bela streng an. Er will doch jetzt nicht kneifen? Sie sind bis Mitternacht wach geblieben. Sie haben den Zaun überwunden. Sie sind von den haarigen Nasenlöchern nicht entdeckt worden.

»Was und?«, fragt Julian.

»Der Hund?«

»Was ist mit dem Hund?«

»Was machen wir, wenn er keine Angst mehr hat?«

10. KAPITEL

Das Haus

Ein Pfiff gellt durch die Nacht. Julian und Bela sitzen nebeneinander an der Hauswand.

»Ringo? Wo bleibst du?«, ruft die Stimme des fremden Manns in die Nacht hinaus.

Der Hund liegt hechelnd in der Wiese und starrt auf den Stock in Julians Hand. Er hat ausgeholt, um ihn zu werfen. Wegen des Pfiffs hat er innegehalten. Als Julian die Hand sinken lässt, legt Ringo den Kopf schief. Es sieht aus, als ob er mit seinem traurigen Hundeblick um Erlaubnis bitten würde, zu folgen. Julian entlässt ihn mit einer Handbewegung. Der Hund läuft um die Hausecke, schaut dabei aber alle zwei Schritte zurück, ob Julian es sich nicht anders überlegt.

»Hier bist du. Was ist denn los mit dir?«

Eigentlich wollte Julian Bela nur beweisen, dass er sich vor dem hässlichen Köter nicht zu fürchten braucht. Dass Ringo ihn so schnell als Herr und Meister akzeptieren würde, hätte er nicht gedacht. Der Geist an seiner Seite musste für Hundeaugen wirklich furchterregend sein. Kaum folgte der Hund seinen Befehlen, fand Julian Gefallen an ihm. Wenn man Ringo genau anschaute, war er gar nicht so hässlich. Wenn er die Zähne nicht fletschte, hatte er ein liebes Gesicht. Und als er Julian die Pfote gab, waren sie schon fast Freunde.

»Es tut mir leid, Ringo, jeden Tag der gleiche Fraß, aber die Alte isst keine Ravioli.«

Das zufriedene Schmatzen des Hundes ist bis hinter das Haus zu hören. Julian und Bela aber interessieren sich viel mehr für das Geräusch, das kurz darauf folgt: Das Quietschen des Gartentors. Der Mann geht aus, wie er es angekündigt hat. Julian schaut vorsichtig um die Ecke. Der Hund steckt seine Schnauze in den Futternapf und wedelt mit dem Schwanz. Der Mann verriegelt das Gartentor von außen mit der schweren Kette. Er pfeift ein fröhliches Lied, als er die Straße hinuntergeht. Als der Mann hinter der Hecke verschwunden ist, gibt Julian Bela ein Zeichen. Sie laufen um das Haus herum zum Eingang. Ungeduldig drücken sie die Klingel. Wer weiß, wie lange der Mann wegbleibt?

Nichts. Keine Reaktion, keine Antwort von Frau Materski. Sie drücken die Klingel noch einmal. Wieder nichts. Bela hat immer noch Angst, obwohl der Hund inzwischen ganz zahm ist und der Mann weg. Klar, es ist mitten in der Nacht und normalerweise träumt er um diese Zeit von seinen Schachfiguren oder einer besonders schönen mathematischen Gleichung. Als sein Freund Sturm läutet, fällt Julian endlich auf, dass gar keine Klingel zu hören ist. Sie muss ausgeschaltet sein. Er klopft an die Tür. Aber auch das hilft nichts. Bela trommelt mit den Fäusten dagegen. Keine Antwort.

Julian läuft um die Hausecke und klettert auf den Küchenbalkon. Durch das Fenster sieht er Frau Materski. Sie steht in einem weißen Nachthemd im Flur und zieht an einer Kette, die an ihren Fuß gebunden ist. Sie streckt sich, so gut sie kann, um mit der Hand die Tür zu erreichen. Es fehlt nicht viel, ein halber Schritt vielleicht, aber die Kette hält sie zurück.

Julian spürt, wie Wut und Empörung in ihm aufsteigen. Wer kettet eine alte Dame in ihrem eigenen Haus an? Er läuft zurück zu Bela. Klopfen bringt nichts. Er versucht sein Glück und rüttelt an der Tür. Sie ist abgesperrt. Klar. Das wäre ja auch zu leicht gewesen.

»Frau Materski, hören Sie mich?«, ruft er. Immer noch keine Antwort. Das kann doch nicht sein. Er hat sie gesehen, direkt hinter der Tür.

»Hallo? Antworten Sie!«

Seine Stimme überschlägt sich vor Aufregung. Julian ist ratlos. Was kann er jetzt noch tun?

»Wer ist da?«

Julian atmet auf. Endlich antwortet Frau Materski. Ihre Stimme klingt so normal, als ob Julian gerade das erste Mal geklingelt hätte, als ob es Vormittag wäre, die Sonne scheinen und die Vögel zwitschern würden.

»Ich bin es, Julian.«

»Julian, bist du immer noch nicht in der Schule?«

»Es ist mitten in der Nacht, Frau Materski. Es ist keine Schule.«

»Mitten in der Nacht? Dann gehörst du doch wohl ins Bett!«

»Warum haben Sie eine Kette am Fuß?«

»Was habe ich am Fuß?«

»Eine Kette!«

»Ich habe nichts am Fuß.«

Julian schüttelt den Kopf. Er wendet sich an Bela.

»Ich habe es gesehen. Sie ist angebunden. Sie schafft es nicht bis zur Tür, weil die Kette zu kurz ist.«

»Kinder, ich glaube, es ist besser, wenn ihr jetzt nach Hause geht. Eure Eltern machen sich bestimmt Sorgen.«

»Wer hat Sie gefesselt? Wer ist dieser Mann?«, versucht es Julian noch einmal.

»Gute Nacht. Träumt etwas Schönes.«

Frau Materski gähnt so laut, dass sie es durch die Tür hören können, dann schlurft sie davon. Julian und Bela hören das Klirren der Kette. Jetzt meldet sich auch Bela zu Wort.

»Wenn Sie die Tür nicht öffnen, rufen wir die Polizei.«

Das Klirren verstummt. Einen kurzen Moment ist es still.

»Aber Kinder, das ist doch nicht nötig. Die Polizei hat doch Wichtigeres zu tun, die wollen wir doch nicht wegen einer verschlossenen Tür belästigen.«

Frau Materski ist ihre Lage unangenehm. Immerhin ist sie nicht mehr böse. Aber warum tut sie so, als ob alles normal wäre? Es ist überhaupt nichts normal, das sieht jedes Kind. Der Zaun mit Stacheldraht, der bösartige Hund, der gar nicht so böse ist, der fremde Mann, die verschlossene Tür, die Kette.

»Wenn Sie die Tür nicht sofort öffnen, schlagen wir sie ein!«, droht Julian.

Frau Materski seufzt: »Aber wie soll ich die Tür denn öffnen, wenn ich gar nicht bis zur Tür komme?«

»Haben Sie nicht gesagt, dass es keine Kette gibt?«

»Ach, das meinst du, sag das doch gleich, Julian. Das ist nur, damit ich nicht verloren gehe. Ich bin schrecklich vergesslich in letzter Zeit, manchmal weiß ich selbst nicht mehr, wo ich bin. Und dank der Kette finde ich immer den Weg zurück.«

»Und Ihren Hausschlüssel? Vergessen Sie den auch manchmal?«, fragt Bela.

Frau Materski lacht: »Nein, meinen Schlüssel vergesse ich nicht. Sonst komme ich ja nicht mehr ins Haus.«

»Aber es könnte doch sein, dass Sie den Schlüssel verlieren?«

Julian ahnt, was Bela vorhat.

»Aber Kind, deshalb gibt es doch vor jedem Haus eine Fußmatte. Oder einen Blumentopf.«

Bela dreht die Fußmatte um. Nichts. Auf der Treppe zur Haustür steht leider nicht nur einer, sondern viele Blumentöpfe. Kräuter, Hauswurz und andere winterfeste Pflanzen wachsen darin. Julian nimmt den ersten: nichts. Den zweiten: nichts. Den dritten, vierten und fünften. Auch den Gartenzwerg, der ein Protestplakat gegen Atomkraft in die Höhe hält, dreht er um. Kein Schlüssel. Als nur noch ein Topf übrig bleibt, schaut er Bela an. Der letzte Topf ist riesig. Er steht unten an der Treppe. Es wächst ein halber

Baum darin. Kann es sein, dass Frau Materski ihren Schlüssel ausgerechnet unter diesem Topf versteckt? Sie kann ihn unmöglich alleine anheben. Zusammen schaffen sie es, aber auch unter diesem Topf nur Dreck und ein paar erschrockene Kellerasseln.

»Wie lange wohnt Frau Materski schon in diesem Haus?«, fragt Bela.

Julian hat keine Ahnung.

»Wie lange wohnen Sie schon hier?«, ruft er durch die Tür.

»Seit immer. Ich habe noch nie woanders gewohnt. Meine Mutter hat mich mit der Hilfe einer Hebamme in dem Bett zur Welt gebracht, in dem ich heute noch schlafe.«

»Und das Türschloss ist auch immer noch das gleiche?«

»Warum soll es nicht mehr das gleiche sein?«

»Und der Schlüssel?«

»Unter dem Topf, das habe ich doch gesagt.«

»Da stehen hundert Töpfe«, sagt Julian, »aber unter keinem ist ein Schlüssel.«

»Dreiundzwanzig«, korrigiert ihn Bela. Er

fängt noch einmal von vorne an und schaut unter jeden Topf.

»Was machst du? Da ist er nicht, ich habe doch gerade nachgeschaut.«

Bela tastet die Unterseite der Töpfe ab.

»Wenn der Schlüssel schon so lange hier liegt, ist er vielleicht mit dem Topf zusammengewachsen.«

Und tatsächlich, bei einem besonders alten Topf, der mit Moos überwachsen ist, hält er inne. Er zeigt Julian die Unterseite. In den Wurzeln, die durch das kleine Loch gewachsen sind, steckt ein alter, verwitterter Schlüssel.

»Wenn der noch passt, fresse ich einen Besen.«

»Pass auf, was du sagst.«

Bela kratzt mit dem Fingernagel den Dreck vom Schlüssel. Er spuckt drauf und wischt ihn an seiner Hose sauber, so gut es geht. Dann spuckt er noch einmal drauf, bevor er ihn ins Schlüsselloch steckt. Er rüttelt und drückt, zieht ihn noch einmal aus dem Schloss, drückt ihn wieder hinein. Dann grinst er und zeigt auf den Besen, der neben der Tür steht.

»Guten Appetit.«

Langsam und vorsichtig dreht er den Schlüssel. Das Schloss knirscht und die Tür geht auf. Ermutigt von seinem Erfolg, geht Bela voran, bleibt aber gleich hinter der Tür wieder stehen. Julian läuft in seinen Freund hinein. Frau Materski kauert auf dem Boden und verbirgt ihr Gesicht in den Armen. Ihre Schultern zucken. Weint sie? Julian geht zu ihr und legt ihr die Hand auf die Schultern. Sie schaut ihn an, ihr Gesicht ist verzerrt, die Augen sind rot, Tränen und Rotz laufen ihr über die Wangen und das Kinn. Sie heult wie ein Schlosshund.

Julian und Bela sind überfordert. Wie geht man mit Erwachsenen um, die weinen? Wie kann man sie trösten? Erwachsene weinen nicht, weil sie den Kopf gegen die Schranktür hauen oder hinfallen, weil sie übermütig über den Spielplatz laufen, Erwachsene weinen nur, wenn etwas wirklich Schlimmes passiert ist. Julians Mutter weinte viel, nachdem sie seinen Vater aus der Wohnung geworfen hatte. Herr Badora weinte lange, als er erfuhr, dass sein Vater gestorben war, und er nicht an seiner Beerdigung teilnehmen konnte.

Bela läuft ins Badezimmer und reißt Papier von der Klorolle. Er tupft damit Frau Materskis Gesicht ab. Und als sie sich kräftig geschnäuzt hat, geht es ihr schon besser. Julian stützt sie und führt sie in die Küche. Sie setzt sich auf einen Stuhl. Bela bringt ihr ein Glas Wasser.

»Ach Kinder«, seufzt sie, »was macht ihr hier? Ihr müsst doch im Bett sein, sonst seid ihr morgen in der Schule völlig übermüdet.«

Julian und Bela schauen sich an. Sie sind sich einig, dass es egal ist, wenn sie am nächsten Tag die Entdeckung Amerikas verschlafen, egal ob durch Kolumbus oder die Wikinger. Wichtig ist, dass sie jetzt hier sind. Frau Materski ist ein Schatten ihrer selbst. Sie war immer schon klein und zierlich, inzwischen aber ist sie richtig abgemagert. Ihre Haut ist fast durchsichtig, so bleich ist sie.

»Frau Materski, Sie erzählen uns jetzt, was hier los ist. Warum gehen Sie nicht mehr aus dem Haus? Warum jagen Sie alle fort, die sich dem Haus nähern? Wer hat Ihnen diesen Hund gebracht? Wer hat den Zaun gebaut? Und wer ist dieser Mann, der eben noch hier war?«

Julian hält die Hand von Frau Materski. Er schaut sie streng an.

»Ihr müsst Hunger haben, mögt ihr einen Keks? Oder eine Tasse Kakao. Irgendwo muss noch eine Tafel Schokolade sein.«

»Nicht ablenken!«

Erneut steigen der alten Frau die Tränen in die Augen, dann endlich beginnt sie zu erzählen.

»Es ist alles nicht so schlimm, wie es aussieht. Im Gegenteil, es ist ein Glücksfall, eigentlich ist es ein Grund zur Freude.«

Julian und Bela können nicht glauben, was sie hören. Was genau ist das Glück? Wo ist die Freude? Sie können nichts davon erkennen.

»Vor einigen Wochen klingelt es an meiner Haustür. Ein Mann steht davor. Unrasiert, lange Haare, ein Grinsen bis über beide Ohren, und über der Schulter trägt er einen Seesack. Ich will die Tür gleich wieder schließen. Ich kaufe nichts. Und ich gebe nur Bettlern Geld, die ich kenne. Der Mann aber stellt den Fuß in die Tür und breitet die Arme aus. Ob ich ihn etwa nicht erkenne?«

Frau Materski steht auf und geht mit kleinen

Schritten zum Kühlschrank. Die Kette zieht sie hinter sich her. Sie nimmt eine alte Fotografie und legt sie auf den Tisch. Ein Junge mit Igelfrisur und Brille, Pickeln auf der Stirn, nicht viel älter als Julian und Bela.

»Es ist kein gutes Bild, aber eines der letzten, die ich von ihm habe. Hier ist Max sechzehn. Und jetzt, über vierzig Jahre später, ist er plötzlich wieder da.«

Julian schaut die alte Dame ungläubig an. Bela starrt auf das Bild, als ob es irgendetwas erklären würde.

»Der Mann ist Ihr Sohn?«

Frau Materski lächelt und nickt.

»Vierzig Jahre war er als Matrose auf hoher See. Und jetzt ist er zurück. Es ist wie ein Märchen.«

»Ein Märchen? Warum sperrt er Sie ein? Wozu die Kette?«

»Ach, er übertreibt ein bisschen.«

»Ein bisschen?!« Julian kann nicht glauben, was er hört.

»Er sagt, dass ich zu viel Geld ausgebe, jetzt, wo es für zwei reichen muss. Und er hat ja recht, ich kann mich nicht beherrschen. Wozu brauche ich jede Woche frische Blumen? Nur damit sie verwelken?«

Bela springt auf. Er hält Ungerechtigkeit nicht aus, schon gar nicht im Sitzen. Er läuft in der Küche hin und her und ringt um Worte. Frau Materski schüttelt den Kopf.

»Er kommt schon wieder zur Vernunft. Er kann mich ja nicht verhungern lassen.«

»Wieso verhungern?«

»Ich habe ihm klipp und klar gesagt, dass ich erst wieder esse, wenn er mir die Kette abnimmt.«

Deshalb ist Frau Materski so dünn und schwach, dass man Angst haben muss, sie würde gleich zerbrechen.

»Wie lange ist das her?«

»Zwei Wochen? Oder drei? Die Tage geraten mir durcheinander. Was ist heute? Dienstag?«

Belas Gesicht ist ernst. Die Falten auf seiner Stirn sind tiefer als beim schwierigsten Schachrätsel.

»Sie sind im Hungerstreik.«

Frau Materski trinkt ihr Glas Wasser aus und

schüttelt entschieden den Kopf. »Das Essen für die Matrosen auf hoher See ist auch nicht immer abwechslungsreich. Und auf dem Schiff ist die Bewegungsfreiheit auch eingeschränkt«, sagt sie.

Julian will protestieren, dass es ein Unterschied ist, ob jemand freiwillig auf einem Schiff anheuert oder ob er in seinem eigenen Haus eingesperrt wird, aber Frau Materski lässt ihn nicht zu Wort kommen. Sie erzählt die Geschichte ihres Sohnes, wie er auf Frachtschiffen und Tankern um die Welt gefahren ist.

Nachdem Max von zu Hause abgehauen war, hatte er Glück. Der Kapitän auf seinem ersten Schiff war ein anständiger Mensch. Drei Jahre ist er mit ihm um die Welt gefahren. Dann ist der Kapitän im Hafen von Singapur überraschend gestorben, ein Schock für die ganze Mannschaft. Der neue Kapitän war ein Tyrann. Max ist in Wladiwostok, ganz im Osten von Russland, von Bord gegangen. Er trank mit seinem gesparten Sold eine Woche lang Schnaps und verpasste absichtlich die Abfahrt seines Schiffes. Es dauerte keine Woche, bis er ein neues Schiff fand, auf dem er anheuerte.

Von einem Schiff kam er aufs nächste, von einem Hafen in den anderen. Unzählige Male ist er rund um die Welt gefahren. Es gibt keinen Hafen, den er nicht kennt. Kein Sturm kann ihn erschrecken.

»Und stellt euch vor, ich bin Großmutter«, sagt Frau Materski mit leuchtenden Augen. »Er hat mir ein Bild von einem kleinen Mädchen gezeigt, das mit seiner Mutter in Santo Domingo wohnt. Meine Enkelin! Und für die braucht er natürlich auch Geld.«

Julian hat genug gehört. Er geht zum Telefon, das neben der Tür an der Wand hängt. Es ist ein uraltes Telefon mit einer Wählscheibe. Die Zahlen müssen mit dem Finger gedreht statt gedrückt werden. So eines hat er zuletzt im Technischen Museum gesehen. Ob es überhaupt noch funktioniert?

»Woher wissen Sie, dass dieser Mann Ihr Sohn ist?«, fragt er Frau Materski. »Es kann doch auch irgendein Verbrecher sein, der nur behauptet, Ihr Sohn zu sein.«

»Ich erkenne doch Max! Er hat immer noch das Muttermal am Hals.«

»Ich rufe jetzt die Polizei.«

Julian nimmt den Hörer ab. Kein Freizeichen. Er schaut Frau Materski fragend an. Diese wendet den Blick ab, starrt die Tischplatte an und dreht das leere Glas in der Hand.

»Er hat das Kabel durchgeschnitten«, sagt sie kleinlaut.

»Und lassen Sie mich raten: Ihr Handy hat er Ihnen auch weggenommen?«

Frau Materski nickt.

»Er hat ja recht, wenn er sagt, dass ich es nicht mehr brauche. Jetzt wo ich immer zu Hause bin.«

»Er macht das Telefon kaputt und dann sagt er, dass Sie Ihr Handy nicht brauchen? Das reicht! Bela, du gehst nach Hause und rufst die Polizei. Ich bleibe hier und halte die Stellung.«

»Du siehst das alles zu schwarz, Julian, lass uns mit Max reden, wenn er wieder da ist. Er ist kein schlechter Mensch.«

Frau Materski versucht, Julian und Bela zu beschwichtigen.

»Damit er uns auch einsperrt? Nein! Das kommt nicht infrage!«

11. KAPITEL

Die Polizei

Das Polizeiauto biegt mit Blaulicht, aber ohne Sirene in die Straße ein. Fast gleichzeitig kommen Bela und Herr Badora angelaufen. Julian ist nicht sicher, ob das ein gutes Zeichen ist. Es wäre ihm lieber, Bela wäre es gelungen, die Polizei zu rufen, ohne seinen Vater zu wecken.

Mit Birke im Rücken scheucht Julian den Hund in seine Hütte und befiehlt ihm, liegenzubleiben. Ringo zieht die Ohren ein und legt die Schnauze auf die Pfoten. Wenn Herr Badora hier ist, wird auch Julians Mutter nicht weit sein. Belas Vater ist ein gewissenhafter Mensch. Er hat ganz bestimmt seine Mutter angerufen, denkt Julian, da hört er sie schon. Klar, sie kann sich nicht damit begnügen, so schnell wie möglich herzulaufen, nein, sie muss auch schon von Weitem seinen Namen rufen, so laut sie kann.

Die zwei Polizisten, ein Mann und eine Frau, steigen aus dem Streifenwagen und nähern sich vorsichtig dem Gartentor. Vermutlich wissen sie von dem Hund, der seit einigen Wochen über das Haus wacht. Julian geht ihnen entgegen.

»Wer bist du? Geht es dir gut?«, ruft die Polizistin, als sie ihn sieht.

»Hat Ihnen Bela schon erklärt, worum es geht?«

»Wer ist Bela?«

»Frau Materski hat seit zwei oder drei Wochen nichts gegessen. Ein Mann taucht nach vierzig Jahren auf und behauptet, ihr Sohn zu sein. Er hat sie in ihrem eigenen Haus angekettet. Sie ist im Hungerstreik.«

Der Polizist rüttelt am Gartentor. Es ist gut verschlossen.

»Wie bist du über den Zaun gekommen?«, fragt er Julian.

»Mit einem Teppich.«

Während der Polizist überlegt, wie Julian mithilfe eines Teppichs über diesen hohen Zaun klettern konnte, läuft seine Kollegin zurück zum Auto und kommt mit einer riesigen Zange zurück. Sie knackt das Vorhängeschloss. Die Kette fällt klirrend zu Boden.

»Schnell! Kommen Sie!«

Julian will zurück zum Haus laufen, aber die Polizistin hält ihn zurück.

»Langsam. Und von Anfang an bitte. Wie heißt du?«

»Julian! Julian, hier bist du!«, ruft seine Mutter, die ihren Sohn entdeckt hat. »Was machst du denn hier? Mitten in der Nacht! Ich bin so erschrocken, als ich dein leeres Bett gesehen habe ... Julian!«

»Du heißt also Julian.«

»Ja. Und das ist ...«

Seine Mutter umarmt ihn so fest, dass er den Satz nicht beenden kann.

»Mama, bitte, ich mache hier gerade eine Zeugenaussage. Das ist Bela.«

Julian zieht seinen Freund zu sich heran. Herr Badora stellt sich Julians Mutter vor. Die beiden kennen einander noch nicht. Sie hat den letzten Elternabend vergessen und saß im Kino, als sich alle anderen Eltern im Klassenzimmer versammelten. Während die anderen Eltern erfuhren, wie es um ihre Kinder stand und was die Schule im nächsten Jahr plante, weinte seine Mutter vor Rührung über die Liebesgeschichte zwischen einem jungen Mann und einer älteren Frau.

»Die Konstellation der Sterne ist günstig. Pluto ist im Transit durch den Steinbock. Für die Waage steht Pluto im neunten Haus. Große Veränderungen kommen auf Sie zu. Ich bin Belas Vater. Badora ist mein Name.«

Julians Mutter gibt ihm die Hand. Bela wird rot. Er schämt sich für seinen Vater und versucht zu erklären, was seine komischen Sätze bedeuten, dass er gerne wiederholt, was er im Radio hört, aber er kommt nicht zu Wort.

»Woher wissen Sie, dass ich Waage bin?«, fragt Julians Mutter erstaunt.

»Waage ist ein gemütliches Sternzeichen. Sie brauchen Zeit, um Veränderungen vorzubereiten.«

Julian nutzt, dass seine Mutter abgelenkt ist, und erklärt den Polizisten, weshalb Bela sie gerufen hat. Er fängt ganz vorne an, als Frau Materski noch die liebenswürdigste Dame der Stadt war. Als die Polizisten das Wichtigste verstanden haben, gehen sie zusammen zum Haus. Ringo schaut aus seiner Hütte und knurrt die Uniformen an. Der Polizist greift zu seiner Waffe. Julian scheucht den Hund mit einer Handbewegung zurück in die Hütte.

»Hast du keine Angst vor so großen Hunden?«, fragt der Polizist.

»Nein, nicht mehr. Aber das ist eine komplizierte Geschichte, die Sie mir nicht glauben würden.«

Er wirft einen Blick über die Schulter. Birke ist von den Polizisten nicht sehr beeindruckt. Er hört zu, wie Herr Badora und Julians Mutter über Astrologie diskutieren. Vielleicht ist es mit Sternzeichen wie mit Geistern, denkt Julian. Alle haben eines, aber nicht alle können es sehen. Für einige ist es ganz wichtig, anderen ist es komplett egal. Und manchmal hilft es.

»Sie haben also gleich erkannt, dass ich Waage bin?«

»Ich habe es im Radio gehört.«

»Was? Wieso haben Sie im Radio gehört, dass ich …«

»Habe ich falsch gesagt?«

»Nein, nein, ich bin Waage, das ist richtig …«

»Gut. Keine Fehler im Radio.«

Die Polizisten klopfen an die Tür und treten ein. Als sie die abgemagerte Frau Materski sehen, erschrecken sie. Von ihren beschwichtigenden Worten lassen sich die Polizisten nicht beruhigen. Und den Kaffee, den Frau Materski ihnen anbietet, wollen sie auch nicht. Die Beamtin führt Frau Materski zu einem Stuhl und untersucht die Kette an ihrem Fuß. Ihr Kollege ruft per Funk einen Notarzt und einen Rettungswagen.

»Aber das ist doch nicht nötig, mir geht es gut. Sehen Sie …«

Frau Materski will Kniebeugen machen, um zu beweisen, dass sie gesund und munter ist, verliert aber schon bei der ersten das Gleichgewicht, plumpst auf den Hintern und bleibt auf dem Küchenboden sitzen. Die Polizistin hilft ihr zurück auf den Stuhl.

»Stimmt es, dass Sie zwei Wochen nichts gegessen haben?«

»Vielleicht waren es auch drei, aber wissen Sie,

ich bin so alt, ich brauche nichts mehr. Ich habe auch gar keinen Hunger. Und warum soll ich essen, wenn ich keinen Hunger habe. Vielleicht esse ich nie mehr etwas, wer weiß, wenn ich nie mehr Hunger habe …«

Die Polizisten schauen sich an. Julian kennt diesen Blick. Sie glauben, dass die alte Frau verrückt ist. Er muss Frau Materski helfen.

»Stellen Sie sich vor, nach vierzig Jahren kommt Ihr Sohn zurück, von dem Sie nie etwas gehört haben. Einfach so. Ohne Ankündigung. Und dann ist er auch noch böse geworden. Das kann schon zu Verwirrung und Appetitlosigkeit führen.«

Das Bellen von Ringo unterbricht Julian. Er läuft vor die Tür, um nachzuschauen, was los ist. Nicht dass seine Mutter oder Herr Badora von dem Hund gebissen werden. Er sieht gerade noch, wie Max mit Ringo an der Leine durch das Gartentor verschwindet, Herrn Badora zur Seite schubst und die Straße hinunterläuft.

»Schnell, da ist er! Er haut ab!«

Der Polizist kommt durch die Tür. Julian zeigt auf den Mann. Als der Polizist in den Streifenwagen springt und den Motor startet, biegen Max und Ringo schon um die nächste Ecke. Die Polizistin bleibt bei Frau Materski. Bela und Julian laufen hinter dem Streifenwagen her. Sie kennen das Viertel wie ihre Hosentasche. Der Mann wird versuchen, die Polizei abzuschütteln. Am Ende der Straße wird er die Treppe nehmen, die hinunter zum Kanal führt, um dem Auto zu entkommen. Wenn Julian und Bela um den Block laufen und die Abkürzung durch den Innenhof nehmen, sind sie schneller als Max am Kanal.

»Er läuft uns direkt in die Arme!«, freut sich Julian.

»Und was machen wir, wenn er uns direkt in die Arme läuft?«

»Keine Ahnung, das sehen wir, wenn es so weit ist. Los!«

Bela folgt Julian mit wenig Begeisterung. Er hat keine Ahnung, wie sie einen erwachsenen Mann und einen Hund aufhalten sollen. Er hat Angst, aber er kann Julian nicht im Stich lassen. Sie sind schließlich Freunde. Also läuft er ihm nach. Und er muss laufen, so schnell er kann, um den Anschluss nicht zu verlieren. Julian springt über eine kleine Mauer, weicht einem Gebüsch voller Stacheln aus, läuft über den Spielplatz, quer durch den Sandhaufen, an der Schaukel vorbei und direkt durch die nächste Hecke. Bela schlägt ein Zweig ins Gesicht, aber zum Fluchen bleibt ihm keine Zeit. Schon kommen sie zur Straße, die am Kanal entlangführt. Julian läuft, ohne nach links und rechts zu schauen, über die drei Spuren. Bela schreit entsetzt. Julian bleibt mitten auf der Straße stehen und dreht sich um.

»Was ist denn?«

»Bist du wahnsinnig, ohne zu schauen auf die Straße zu laufen?«

Julian schaut nach links und rechts, nach oben und unten, kein Auto weit und breit. Es ist Nacht. Wo tagsüber ein Auto nach dem anderen vorbeirauscht, ist jetzt alles leer. Gespenstische Stille.

»Komm weiter!«

Sie springen über den matschigen Streifen Gras am Straßenrand, schlagen sich durch die Büsche, laufen den Abhang hinunter und stehen wenig später am Ufer des Kanals. Der Weg ist schlecht beleuchtet. Die Laternen stehen in zu großen Abständen. Zwischen den Lichtkegeln bildet die Nacht kleine schwarze Löcher. Wenn Julian recht hat, müsste der Mann mit seinem Hund bald vor ihnen auftauchen.

»Und was machen wir jetzt?«, will Bela wissen.

Julian starrt in die Dunkelheit. Er kann nichts erkennen.

»Wir könnten uns verstecken«, schlägt Bela vor.

»Wie sollen wir Max aufhalten, wenn wir uns vor ihm verstecken?«

Bela wäre es lieber, wenn sie den Mann unauffällig verfolgen würden, aber Julian ist entschlossen, sich ihm entgegenzustellen und ihn aufzuhalten, bis die Polizei kommt.

»Er ist stärker als wir.«

»Das werden wir sehen.«

»Vor Anton und Bogdan hast du Angst, aber vor diesem Mann mit seinem wilden Köter nicht?«

»Natürlich habe ich Angst.«

Bela wittert seine Chance.

»Dann lass uns abhauen. Es ist die Aufgabe der Polizei, den Mann zu fangen.«

Zum Abhauen aber bleibt keine Zeit. Vor ihnen taucht Max aus der Dunkelheit auf. Der Hund läuft neben ihm her. Julian stellt sich mitten auf den Weg. Bela möchte sich am liebsten in Luft auflösen. Weil das nicht möglich ist, stellt er sich wenigstens hinter Julian.

Max sieht die Kinder. Er zögert und verlangsamt seine Schritte. Er schaut zurück. Noch ist von der Polizei nichts zu sehen.

»Was wollt ihr?«

Julian beschließt, dass die Frage keine Antwort braucht. Er schaut den Mann so böse wie möglich an.

»Haut ab!«, schreit Max.

Bela zupft ihn am Ärmel. Julian spürt, wie seine Beine anfangen zu zittern. Er redet sich ein, dass es von der Anstrengung ist. Er will sich die Angst nicht anmerken lassen. Mit verschiedenen Tricks versucht er, sich Mut zu machen. Er zieht die Nase hoch. Er ballt die Hände zu Fäusten.

»Aus dem Weg, sonst hetze ich den Hund auf euch!«

Ringo zerrt an der Leine und kläfft wie auf

Kommando. Julian lacht. Die Angst fällt von einem Moment auf den anderen von ihm ab. Max ist auch nur ein Feigling. Den Hund will er auf sie hetzen? Auf zwei Kinder? Wird er nicht selbst mit ihnen fertig? Soll er es versuchen!

Der Mann beugt sich zu Ringo und löst die Leine von seinem Halsband.

»Fass, Ringo!«

Mit großen Sätzen springt der Hund auf sie zu. Bela vergräbt das Gesicht in Julians Rücken. Diesmal steht kein Zaun zwischen ihm und dem wilden Tier. Julian schaut dem Hund in die Augen und hebt die Hand. Er zeigt auf den Boden. Ringo bremst, zögert. Er erkennt Julian und legt sich wie ein braver Schoßhund vor ihm nieder.

»Was soll das?«, schreit Max aufgeregt. »Fass, Ringo, fass!«

Der Hund hechelt und schaut Julian mit treuem Blick an. Er wedelt sogar mit dem Schwanz. Julian krault ihn hinter den Ohren.

»Braves Tier. Und jetzt …«, Julian zeigt auf den Mann, »fass, Ringo!«

Der Hund folgt seinem Fingerzeig. Max kann

nicht glauben, was er sieht. Sein eigener Hund wendet sich gegen ihn. Zu spät dreht er sich um und will davonlaufen. Ringo springt ihn von hinten an und packt ihn am Bein. Max stolpert und fällt zu Boden. Er versucht sich vom Hund zu befreien, er schreit, schimpft und flucht, aber Ringo lässt nicht los.

Die Schreie des Mannes sind weit herum zu hören. Es dauert nicht lange, bis der Polizist angelaufen kommt. Und erst als er mit den Handschellen bereitsteht, befiehlt Julian dem Hund loszulassen. Ringos Knurren verstummt, die Handschellen klicken um die Handgelenke von Max. Der Polizist belehrt ihn, dass er festgenommen ist und alles, was er sagt, vor Gericht gegen ihn verwendet werden kann. So finster, wie Max zu Boden starrt, scheint er aber ohnehin keine Lust zu haben, noch etwas zu sagen. Der Polizist bedankt sich bei Julian und Bela für ihre Hilfe.

Vom Kanal gehen sie die Treppe hinauf zum Streifenwagen. Der Hund springt in den Kofferraum. Julian und Bela fahren mit Blaulicht vor dem Haus von Frau Materski vor. Die Ambulanz ist inzwischen auch eingetroffen. Zwei Sanitäter kümmern sich um Frau Materski. Julians Mutter und Herr Badora haben ihr Gespräch über die Sterne beendet. Sie sind ganz aufgeregt, als Julian und Bela aus dem Polizeiauto steigen. Sie umarmen und küssen sie. Der Polizist erzählt, wie die Kinder den Mann gestoppt haben. Julian zeigt auf den Hund.

»Was passiert jetzt mit ihm?«

Der Polizist weiß es nicht.

»Vermutlich kommt er ins Tierheim.«

»Kann ich ihn mit nach Hause nehmen?«, fragt Julian.

»Dieses Riesenvieh? Kommt überhaupt nicht infrage«, protestiert seine Mutter.

»Er ist so brav. Schau.«

Julian schnippt mit dem Finger. Der Hund will im Kofferraum Männchen machen, weil er dafür aber zu groß ist, schlägt er mit dem Kopf gegen das Dach des Autos. Alle lachen.

Frau Materski klettert währenddessen von den Sanitätern unbemerkt aus dem Rettungswagen und baut sich vor ihrem Sohn auf, der mit eingezogenem Kopf und auf dem Rücken gefesselten Händen auf dem Rücksitz des Polizeiautos kauert. Sie schüttelt den Kopf und holt tief Luft.

»Ich habe dir gleich gesagt, dass die Kette übertrieben ist, aber du hast ja nicht hören wollen. Nie hast du auf mich gehört. Schon als kleiner Junge nicht. Immer hast du alles besser gewusst und dir die Finger verbrannt. Jetzt siehst du, wohin das führt. Verhaftet wirst du! So eine Schande!«

Max blickt auf. Er schaut so traurig wie ein Kind, das seinen Ball verloren hat.

»Du musst mir helfen, Mama, die wollen mich einsperren.«

Jetzt muss sogar Frau Materski lachen.

»Ich muss dir helfen?«

»Du musst mir einen Anwalt besorgen. Denk an deine Enkelin! Soll sie ohne ihren Vater aufwachsen?«

Die Sanitäter führen die alte Dame zurück zum Rettungswagen, bevor ihr Herz weich wird.

Die Polizisten versiegeln die Tür zu Frau Materskis Haus.

»Das muss sich die Spurensicherung anschauen.«

Sie wenden sich an Julian und Bela.

»Und von euch brauchen wir eine Zeugenaussage. Aber das hat Zeit bis morgen. Jetzt schlaft ihr euch erst einmal aus.«

Als die Polizisten mit Blaulicht davonfahren, lassen sie zum Gruß einmal kurz die Sirene aufheulen.

Ein Fahrrad weicht dem Polizeiauto schwankend aus. Der Polizist hebt mahnend den Zeigefinger aus dem Fenster, aber er hat jetzt keine Zeit, sich nächtliche Fahrradfahrer vorzunehmen. Grund genug gäbe es. Das Fahrrad ist ohne Licht unterwegs und auf dem Gepäckträger sitzt eine zweite Person. Die Fahrradklingel grüßt die Polizeisirene. Der Mann auf dem Gepäckträger winkt lachend.

»Tutto bene! Buona notte!«

Es ist Roberto. Und die Frau, die auf dem Sattel sitzt und in die Pedale tritt, ist Mara. Sie bremst neben Julian und Bela. Roberto springt vom Gepäckträger.

»Was ist denn hier los?«, fragt Mara erstaunt.

»Wir haben Frau Materski befreit«, sagt Julian stolz.

»Was habt ihr?«

Mara schaut ihre Mutter fragend an. Diese nickt.

»Du kennst doch die alte Frau, die immer so nett war?«

»Und plötzlich nicht mehr aus dem Haus gegangen ist?«, fragt Mara.

»Ihr Sohn hat sie eingesperrt, um an ihr Geld zu kommen. Und wir haben sie befreit.«

Julian legt den Arm um Belas Schultern. Bela wird beim Anblick von Mara rot bis über beide Ohren.

»Mara, das ist mein Vater.«

»Freut mich.«

Mara gibt Herrn Badora die Hand.

»Bela kann ganz schön viel cozze essen.«

»Was hast du gegessen?«, fragt Herr Badora seinen Sohn.

»Muscheln«, sagt Bela, »Muscheln auf Italienisch.«

»Seit wann hat Frau Materski einen Sohn?«, will Mara wissen.

»Eine Enkelin hat sie auch. Vierzig Jahre hat

sie nichts von ihm gehört. Er ist als Matrose um die Welt gefahren. Und jetzt hat er kein Geld mehr. Aber das ist noch lange kein Grund, seine Mutter einzusperren.«

»Was macht ihr denn eigentlich hier?«, will ihre Mutter von Roberto wissen.

»Wir sind auf dem Weg zu einer Party.«

»Um diese Zeit?«

»Bis der letzte Gast nach Hause gegangen und die Küche geputzt ist, das dauert.«

Roberto steigt auf das Fahrrad und fordert Mara auf, sich auf die Stange zu setzen. Bela nimmt allen Mut zusammen.

»Kann ich mitkommen?«

»Zur Party?«, fragt Mara lachend. »Du gehörst ins Bett, kleiner Held. Schlaf dich aus und träum was Schönes.«

Sie gibt ihm einen Kuss auf die Wange. Bela knicken fast die Beine weg. Julian gähnt herzhaft. Er spürt die Müdigkeit. Seine Mutter nimmt das zum Anlass, ihn an der Hand zu nehmen.

»Wir gehen jetzt nach Hause.«

Sie nickt Herrn Badora zu. Julian befreit sich

von der Hand seiner Mutter. Er ist schließlich kein Kind mehr.

»Wir sehen uns morgen. Für die Zeugenaussage.«

»Keine Schule?«, fragt Bela.

Julians Mutter und Herr Bardora sind sich einig.

»Keine Schule.«

Roberto fährt stürmisch klingelnd davon. Mara hält sich an ihm fest. Bela schaut ihr traurig nach.

Julian und seine Mutter gehen in die eine, Herr Badora und Bela in die andere Richtung. Zwischen ihnen am Himmel reißen die Wolken auf, der Mond kommt hervor und sein fahles Licht, das alle Katzen grau macht, fällt über die Dächer der Stadt.

Der Schlaf

Meistens schläft Julian schnell ein, wenn er das Licht löscht und die Decke bis zur Nasenspitze hochzieht. Hin und wieder kommt es vor, dass er nicht schlafen kann, weil sich ein Gedanke in seinem Kopf dreht. Dann fühlt er sich hellwach und möchte am liebsten aufstehen und gleich damit beginnen, die Idee in die Tat umzusetzen. Ganz selten ist er so müde und trotzdem lange genug wach, dass er den Moment spürt, in dem er einschläft. Er taumelt hin und her. Kurz versinkt er in einem Traum, dann ist er noch einmal wach, bevor er wieder in den Halbschlaf kippt, aus dem er noch einmal auftaucht, um tief Luft zu holen und für den Rest der Nacht abzutauchen.

Heute geht es ihm so. Er träumt schon halb von Frau Materski und ihrem Sohn, von Ringo und den Polizisten, als er noch einmal kurz in sein Zimmer zurückkehrt und merkt, wie er in seinem Bett liegt und an die Decke starrt. Aber statt jetzt ganz einzuschlafen und im Traum mit Ringo zu spielen, bis es Morgen wird, ist er plötzlich wieder hellwach.

»Birke!«

Er hat den Geist in der Aufregung um Frau Materski völlig vergessen. Die Polizisten. Die Verfolgungsjagd. Seine Mutter. Und dann auch noch Mara und Roberto.

»Danke für alles«, sagt Julian und setzt sich auf. »Du bist der beste Geist, den ich kenne. Ohne dich hätte ich das nicht geschafft. Keine Chance. Ich meine ... wie du mit Ringo ... das war schon ziemlich ...«

Julian schaut über die Schulter. Aber da ist nichts. Er dreht den Kopf nach links, nach rechts. Nichts. Kein Geist. Kein Birke. Nur die weiße Wand hinter seinem Bett. Und auf der anderen Seite das Bücherregal, die Kiste mit den Spielsachen, sein Schreibtisch.

»Ach, Birke«, seufzt Julian. Und weil er schon

fast so schön seufzen kann wie ein Geist, muss er lachen.

»Ich werde dich vermissen.«

Dir hat die Geschichte gefallen?
Auf den folgenden Seiten stellen wir dir weitere
Bücher aus dem Atlantis Verlag vor.

ATLANTIS VERLAG

Cécile Aubry
Belle und Sébastien

Roman

Ein Schneesturm fegt über die französischen Alpen, als zwei Zollbeamte auf ihrer Patrouille eine hochschwangere Frau finden, die völlig entkräftet ist. Sie bringt das Kind zur Welt und stirbt. Der alte César nimmt den Waisenjungen bei sich auf, nennt ihn Sébastien und zieht ihn gemeinsam mit seinen Enkelkindern Angelina und Jean groß. Als Sébastien sechs Jahre alt ist, begegnet er auf einem seiner Streifzüge durch die Berge einem großen weißen Hund. Die menschenscheue, wunderschöne Pyrenäenberghündin wurde vernachlässigt, von einem Besitzer an den nächsten weitergereicht und ist schließlich aus ihrem Zwinger ausgebrochen. Sébastien gibt ihr den Namen Belle und ist fest entschlossen, die Hündin vor den Dorfbewohnern zu beschützen, denn die sind der Überzeugung, dass Belle gefährlich sei. Das Ringen eines kleinen Jungen mit einer ganzen Dorfgemeinschaft beginnt! – und das Abenteuer zweier unzertrennlicher Freunde.

ATLANTIS VERLAG

Diana Menschig
Die Legende vom letzten Bücherjäger

Roman

Eine Hafenstadt, am Hang gelegen, wo die Kaufleute in Villen leben. Zwei Leuchttürme und eine Burg schmücken die Meeresbucht. Hier ist Jelto im Dienst der Fürstin unterwegs! – als Bücherjäger: Jelto hat die besondere Gabe, Papier, Leder, sogar Tinte riechen zu können. Seine Aufgabe ist es, in Häuser einzudringen und Bücher ausfindig zu machen, denn Bücher, das weiß in Brück jedes Kind, sind gefährlich und daher verboten. Die Bücherjäger schwärmen nachts aus und treffen sich am nächsten Morgen, um die gesammelten Bücher zu verbrennen. Sie beschützen die Bewohner Brücks, denkt Jelto, denn so wurde es ihm sein Leben lang erzählt. Eines Abends bekommt er einen geheimnisvollen Auftrag: In einem Kontor im Hafen soll ein ganz besonders magisches Buch versteckt sein. Danach ist in Jeltos Leben nichts mehr wie zuvor. Er weiß nicht, wem er noch trauen kann! – bis er die Drachenzüchterin Wyona kennenlernt. Auch Wyona besitzt Bücher, denn die sind, so beginnt Jelto zu verstehen, alles andere als gefährlich …